人力资源管理战略与效能研究

苏永强 著

北京工业大学出版社

图书在版编目（CIP）数据

人力资源管理战略与效能研究 ∕ 苏永强著．— 北京：
北京工业大学出版社，2022.12

ISBN 978-7-5639-8567-8

Ⅰ．①人… Ⅱ．①苏… Ⅲ．①企业管理－人力资源管
理－研究 Ⅳ．① F272.92

中国版本图书馆 CIP 数据核字（2022）第 249728 号

人力资源管理战略与效能研究
RENLI ZIYUAN GUANLI ZHANLÜE YU XIAONENG YANJIU

著　　者：苏永强

责任编辑：张　娇

封面设计：知更壹点

出版发行：北京工业大学出版社

　　　　　　（北京市朝阳区平乐园 100 号　邮编：100124）

　　　　　　010-67391722（传真）　bgdcbs@sina.com

经销单位：全国各地新华书店

承印单位：河北赛文印刷有限公司

开　　本：710 毫米×1000 毫米　1/16

印　　张：11.5

字　　数：230 千字

版　　次：2022 年 12 月第 1 版

印　　次：2022 年 12 月第 1 次印刷

标准书号：ISBN 978-7-5639-8567-8

定　　价：60.00 元

作者简介

　　苏永强，山东济宁人，毕业于中国石油大学（华东），工业工程硕士，现任职于胜利油田党委组织部（人力资源部），党委组织部副部长、人力资源部副经理，高级经济师。主要研究方向：人力资源管理。

前　言

在企业发展过程中，人们越来越认识到人力资源管理工作对于企业可持续发展的重要性，同时也认识到了企业的发展壮大离不开对人才的开发与选用。为此，现代企业需要根据时代发展的变化和自身的实际需要，加强企业的人力资源管理，制定符合未来发展的人力资源管理战略，建立全面的培训体系，做好日常人员的选拔工作，为企业的发展打下良好的基础。此外，人力资源管理战略的实施，也有利于提升企业的行业竞争能力。

全书共七章。第一章为绪论，主要阐述了人力资源与人力资源管理、人力资源管理的发展历史、人力资源战略的产生与发展、人力资源管理面临的新要求等内容；第二章为人力资源管理内外部环境与现状，主要阐述了人力资源管理内外部环境、人力资源管理现状与问题等内容；第三章为人力资源战略与规划，主要阐述了人力资源战略和人力资源规划等内容；第四章为人力资源配置管理，主要阐述了人力资源配置管理战略概述、人力资源配置方式分析、人力资源流动管理战略等内容；第五章为战略性人力资源绩效管理，主要阐述了人力资源绩效管理概述、战略性人力资源绩效管理、战略性人力资源绩效评价等内容；第六章为战略性人力资源薪酬管理，主要阐述了薪酬与薪酬管理、薪酬模式、战略性薪酬体系设计等内容；第七章为人力资源管理效能的提升，主要阐述了人力资源管理效能的重要性和人力资源管理效能提升策略等内容。

在撰写本书的过程中，笔者借鉴了国内外很多相关的研究成果以及著作、期刊、论文等，在此对相关学者、专家表示诚挚的感谢。

由于本人水平有限，书中有一些内容还有待进一步深入研究和论证，在此恳切地希望各位同行专家和读者朋友予以斧正。

目　录

第一章 绪 论

人力资源（Human Resource，HR）是一种特殊而又重要的资源，是生产要素中最具有活力和弹性的部分，人力资源管理是现代企业管理的核心，是现代管理领域中实现管理战略目标的一项重要指标。加强人力资源管理可以提高企业管理水平，让企业得以健康发展，不断为国家经济发展做出更大的贡献。信息时代的到来，对人力资源管理这门学科提出了更高的要求，人力资源管理的发展也将面临新的机遇和挑战。本章分为人力资源与人力资源管理、人力资源管理的发展历史、人力资源战略的产生与发展、人力资源管理面临的新要求四个部分。

第一节 人力资源与人力资源管理

一、相关概念界定

经济学把以创造物质财富为目的、投资于整个社会生产活动中的全部因素统称为资源，可分为人力资源、物力资源、财政资源、信息资源和时间资源等。一些管理学家指出，人力资源是一切资源中最重要的资源，也是第一资源。一个组织成败的决定因素之一就是组织能力，它包括组织的响应力、敏捷力、学习力和组织成员素质。因此人力资源管理最重要的职责就是培养卓越的组织能力和高质量的人员素质。

（一）人力资源

人力资源的概念最初由美国现代管理学之父彼得·德鲁克（Peter F. Drucker）在著作《管理的实践》中提出，人力资源与其他资源的唯一区别就在于它着眼于人。德鲁克认为，人力资源所具备的协调能力、聚集能力、创造性和主观能动性都是其他资源所不具有的。这表明了人力资源的独特生物属性，我们必须将人力资源重视起来，不能与企业所拥有的其他资源一概而论。德鲁克强调管理者的人才设计工作应该充分考虑到人的基本特性和社会需求，并通过积极行动来激发他们的潜力，给他们提供富有挑战性的工作职位，从而达到人才的有效利用与合理培育的目的。

人力资源是生产活动中最活跃的因素，也是一切资源中最重要的资源。人力资源指在一个国家或地区中，处于劳动年龄、未到劳动年龄和超过劳动年龄但具有劳动能力的人口之和，或者表述为一个国家或地区的总人口减去丧失劳动能力的人口之后的人口之和。人力资源也指一定时期内，组织中的人所拥有的能够被企业所用，且对价值创造起贡献作用的教育、能力、技能、经验、体力等的总称。人力资源对经济增长有着重要作用，并且能够推动经济和社会发展。在现代市场经济中，物质资源已经不再作为刺激经济指数增长的最关键性要素，人力资源在其中的重要作用不断凸显。由此可见，人力资源的概念包含了以下一些要点：人力资源的实质是人所拥有的脑力和体力才能的总和；人力资源对社会财富的产生起积极影响，从而成为整个社会创造财富的源泉；人力资源必须能够被组织所用，而这里的"组织"既可能大到某个国家或地方政府，也可能小到某个企业或个体经营。

（二）人力资源管理

1.人力资源的内涵

人力资源管理（Human Resource Management，HRM）是指在经济学和人本思想的指引下，通过采用招募、选拔、培训、给予薪酬等管理形式，对组织内部的相关人力资源加以有效运用，适应组织当前形势和未来发展的需要，以确保组织目标实现和成员全面发展最优化的各种活动的总称。它是预测组织人才需求量，提供人才需求计划、招聘甄选、考核绩效、提供报酬和实施合理激励，针对团队和个性需求实施各项措施，促使组织高效发展的全过程。

人力资源管理是组织所制定的一系列与人力资源相关的政策以及与政策相关的管理活动。人力资源管理可以从广义和狭义两方面来理解。从广义上来讲，人力资源管理是一个系统的工程，其运用的理论知识和手段涉及各个专业学科和社会层面，具有极强的综合性。例如，人力资源管理中蕴含的理论基础来源于社会学、心理学、信息传播学、现代管理学、经济学和法学等相关学科，在人力资源管理过程中需要考虑经济、政治、文化、社会、组织、历史和自然等诸多因素和关系。从狭义上来看，人力资源管理可划分为公共组织层面上的人力资源管理和企业层面上的人力资源管理。

2. 人力资源管理的特点

①以人为本。人力资源管理围绕着人这一核心要素，将人作为最具有主动性和创造性的资源，也是组织得以发展、壮大的决定性资源。以人为本的管理，就是更多地考虑组织成员的心理与情感，尊重、关心组织成员，并为他们提供各种激发潜力、施展才华的机会和条件，让组织成员感受到自己是组织的主人翁，激发他们对所在企业或岗位的归属感、认同感，集中精力为实现战略目标而努力奋斗。

②动态管理。人力资源管理将人力资源视作组织的财富，强调资源的挖掘和利用，管理者会根据组织的战略目标和组织成员的个人情况，设计培训方案，不断进行职位调整，对组织成员的职业发展路径的规划进行持续完善与更新，充分发挥组织中的个人才能。

③多维度性。人力资源管理在人力资源的选择标准、招聘方式和渠道、绩效评估、薪酬管理等方面都采取了多种形式和方法，并根据战略目标和发展现状不断实施组织管理变革和创新。例如，人力资源的招聘形式包括线上面试和线下面试，人力资源服务可以采用招聘职工和采购外包服务的方式等。

3. 人力资源管理的功能

人力资源管理的功能主要体现在吸纳、维持、开发、激励四个方面，即人才的选、用、育、留，其基本职能包括人力资源规划、职位分析与建立胜任素质模型、招聘、绩效管理、薪酬管理、人员培训与开发、职业生涯规划与管理、组织成员关系管理等。人力资源管理不同于传统的人事管理，它将组织成员看作一种具有潜能的资源，强调对组织成员的激励与开发，且更加注重有效的人力资源管理对组织运营活动的支持配合。对人力资源进行有效的开发和管理，有助于实现绩效和个人满意度最大化，同时实现战略目标。

现代人力资源管理的核心内涵在于组织与组织成员之间的价值匹配与价值交换。一般情况下，组织成员都会表达自身的价值诉求，组织也会向成员提出目标岗位的预期价值，因此现代人力资源管理主要是基于组织成员与组织关系的问题上而产生，通过合同进行双向约束。在合同中，组织成员利用自己掌握的知识、技能为企业创造效益，组织通过提供劳务报酬进行回报与激励。合同内容随着市场与社会的变化而变化，具有动态性。基于人性的多样性与复杂性，组织成员的主观能动性也充满着不确定性。因此，来自工作环境与成员人性的复杂性需要重建一个确定目标与责任的平衡点，才能确保有效的合作可以在个人与组织之间的目标与价值中体现出来。

4.人力资源管理的意义

人力资源管理的意义是以合理有效的管理手段合理配置与使用人力资源，并将人才价值发挥到最大化。人力资源在管理工作中不仅是客体，更是主体。不同于财物资源，人是拥有独立思想与情感的个体，面对生活与工作更有着社会性和主观能动性。所以，想要最大限度地激发人力资源的潜能与积极性，就要有一套量身定制、系统规范的人力资源管理模式。

现代竞争归根结底是人才的竞争，"得人才者得天下"。切实做好人力资源管理工作，有利于提升核心竞争力，提高工作效率，增加利润，为社会创造更多经济效益。转变人才管理理念，优化人才结构，有利于激发人才工作积极性与自主创新力，形成健康良性的文化氛围，避免因人才流失所带来的损失。

在如今的市场环境下，传统人力资源管理观念已经不能适应市场竞争需求，只有紧随时代的脚步，及时更新观念，树立全新的适合自身的管理理念，建立公开透明、公平合理、富有竞争力的激励机制，组织才能适应社会的发展需求，才能得到持久稳定的发展。

二、人力资源管理的模块与模型

（一）人力资源管理的八大模块

人力资源管理共分为八大模块，分别为人力资源规划、人员招聘与配置、培训开发与实施、绩效考核与实施、薪酬福利管理、员工关系管理、人事管理和职业生涯管理。八大模块相辅相成、相互联系，承担的作用和职能并不相同。人力资源规划主要是建立完善组织架构，确保人力资源供需平衡，结构合理；人员招聘与配置要求对应聘者严格把关，同时拓宽招聘渠道，并利用科学的选拔方式，确保人岗匹配；培训开发与实施不仅仅包括基础工作流程培训，还涉及个人发展的培训，拓宽业务能力的各项培训；绩效考核与实施确保个人目标、部门目标和企业目标保持一致，制订科学的绩效管理方法，提高工作效率并且和组织战略目标保持一致，实现快速发展；薪酬福利管理要求制订合理的薪酬结构，给予公平的竞争环境，从而激发组织成员的工作热情，使组织向着良性状态发展；员工关系管理能增强组织成员的安全感，增强成员的归属感，有利于构建和谐的员工关系；人事管理是指组织成员入职、在职和离职的日常管理，包括保险的缴纳等；职业生涯管理是通过规划职业生涯，引导员工把自身发展目标与企业发展目标充分结合，有效发挥自身优势，实现良好的人力资源管理。在理想状态下，人力资源管理中的八大模块应该是同时进行，并驾齐驱，但在实际应用中做不到面面俱到。

（二）人力资源管理的"三支柱"模型

人力资源管理在不断发展的过程中历经多次革新。人力资源管理"三支柱"模型是为适应现代企业发展而发展起来的，经历了新生、发展并逐渐成形，是当今一种比较先进的人力资源管理理念。"三支柱"模型理论是将人力资源管理与业务部门分别当作业务与客户，"三支柱"模型理论的最终目标是促进人力资源的发展，提高员工的满意度。

美国人力资源管理专家戴维·尤里奇（Dave Ulrich）在1997年提出了人力资源管理的"三支柱"模型。"三支柱"具体是人力资源专家中心（HRCOE）、人力资源业务伙伴（HRBP）、人力资源共享服务中心（HRSSC），这也被称作人力资源的"三驾马车"。人力资源管理"三支柱"模型，就是对传统人力资源管理组织的再造，以更好地为组织提供帮助，创造价值。

"三支柱"模型又称三维模型，在这个三维模型中，业务伙伴主要的工作职责是收集业务部门的需求，专家中心主要的功能是制订方案设计，共享服务中心的工作任务是执行任务，各支柱各有分工又紧密结合。第一，人力资源业务伙伴在为企业的业务部门服务时，可以直接向外部提供业务支持。它的作用类似于一个企业的专业客户经理或者内部业务顾问，可根据客户的具体实际需求，做出计划并严格落实，提出有针对性的具体解决方法。人力资源管理中业务伙伴不仅能够解决人力资源八大模块中各个方面的业务问题，还能够为各个业务部门提供有力支持。优秀的业务伙伴在组织和组织成员之间起到纽带作用，具体的工作职责有以下几方面：一是负责推动企业人力资源管理政策、制度等在各个业务部门的落实；二是协助企业中各个业务部门达成任务目标并给予业务部门专业性业务支持；三是了解掌握市场行情，有针对性地培养业务部门员工的能力。第二，人力资源专家中心由人力资源管理各个领域的专家组成，这要求其具有很强的专业技能与实际操作能力，最重要的是对企业了解要非常全面。他们能够根据企业实际及企业战略目标，研究并制定与之匹配的人力资源管理的规范准则，这是"三支柱"模型的核心，需要在"三支柱"模型运行过程中为另外两部分提供专业的技术支持。专家中心作为核心支柱，其具体的工作职责如下：一是依据企业实际，研究设计符合未来发展的人力资源管理制度和流程；二是根据发展目标制定战略规划，同时负责制定人力资源管理具体工作准则；三是为业务伙伴和共享服务中心的工作提供专业的咨询和指导意见。第三，人力资源共享服务中心为人力资源管理提供标准的服务，它可以有效分离业务伙伴和专家中心的事务性工作，这会使工作效率得到显著提高。共享服务中心是解答员工问题的百宝箱，员工有人力资源管理问题时，都可向其咨询。共享服务中心最重要的价值是深入了解员工对工作的满意程度以及提高人力资源管理工作的时效性。共享服务中心的具体工作如下：一是为员工提供从入职、晋升、转岗、离职等人事方面基础性的服务；二是负责员工的考勤、社保缴纳以及其他各类数据的核算和统计等工作；三是要对现有的工作信息进行维护，并向业务伙伴和专家中心提供数据支持，同时要根据目前流程中存在的问题及时提出整改优化意见；\四是需要在执行战略并推广新项目时对业务伙伴和专家中心提供支持与帮助。人力资源管理"三支柱"模型能有效提升人事管理的工作效率，提高人力资源管理服务质量和水平，还可以有效降低成本，为企业创造巨大价值。

人力资源管理"三支柱"模型具体的运作流程如下。①专家中心、共享服务中心。专家中心要与共享服务中心进行充分协商和交流，确保制定的人力资源管理制度全面细致且标准，也使得共享服务中心在后续流程化、信息化处理时方便操作。同时，共享服务中心在对制度流程进行信息化处理过程中，若发现问题或发现更好的改进措施要及时向专家中心进行反馈，便于后续协商调整。②共享服务中心、业务伙伴。共享服务中心最重要的工作就是要充分利用信息技术来提高人力资源管理的工作效率，进而保证企业人力资源健康良性运行。业务伙伴根据共享服务中心提供的信息技术支持，将从处理耗时的事务性工作中抽离出来，将工作重心放在业务发展上。同时，在处理紧急事务时，共享服务中心也可以对业务伙伴开放权限，方便他们处理紧急事务进而提升工作时效。③业务伙伴、专家中心。业务伙伴主要是推进并且全面落实专家中心制定的管理制度。在制度设立完成后，专家中心需要对业务伙伴进行业务指导，使其了解掌握制度规范，确保制度推进过程的一致性。当然，业务伙伴在工作遇到问题或阻碍时，要向专家中心及时反馈，专家中心要根据反映的问题进行梳理并解答，对制度进行进一步优化调整，对特殊问题进行深入研究探讨，确保问题及时解决。

三个支柱各有分工但又互相关联、相互支持，在对人力资源管理重组构建中要确保科学合理的优化人力资源管理"三支柱"职责分工，使三个支柱形成一个有机整体，能够运转得当。三个支柱也起到稳定保障的作用，倘若有一个支柱出现问题，另外两个支柱都可以进行适当的调整，进而再优化再升级，使得"三支柱"运转更加顺利。这种方式使得人力资源管理需求得到满足的同时，还保证了组织结构的稳定性和可操作性。

人力资源管理"三支柱"模型在人力资源运营管理、提质增效等方面均起到了重要作用。①满足人力资源管理优化升级的要求。在当今时代发展的大背景下，尤其是互联网时代，人力资源管理"三支柱"模型的运用较传统的人力资源模块更能够适应新的发展需求。传统的人力资源管理模式中，上下级需要层层推进，工作效率低，同时对互联网的适应难度较大，需要及时对其进行改进升级，而"三支柱"模型正可以弥补这点不足，它能很好地顺应新形势下企业的战略发展特点及需求，促进人力资源部门与业务部门的沟通交流，同时还能将专家中心和业务伙伴从人事性工作上抽离出来，使之更好地完成业务发展工作。②提高工作效率、降低运营成本。人力资源管理"三支柱"模型的运用使内部资源得到共享，加强了业务部门和人力资源部门的沟通交流，这对于业务部门来说是很好的支持，人力资源部门熟悉业务后，能够更好地在业务部门中开展工作，避免业务盲区导致的与从事业务工作的员工沟通存在障碍，在市场经济快速发展的时代，这令工作效率得到显著提升。劳动力成本过高对企业来说也是有很大压力的，"三支柱"模型的运用合理优化了管理的流程，信息系统得到有效升级，使得办公更加简洁高效，这就减少了劳动力成本，提升了工作效能，为企业节省劳动力，对降低运营成本也起到了一定作用。

"三支柱"模型能够使业务伙伴深入业务部门并了解其日常工作，这为有效实现战略发展和持续落地执行战略提供了坚实的组织架构和管理保障，而且亦可在其他各类业务方面为实现企业内部端到移动端协同管理提供综合解决方案。专业化的专家中心能够根据企业的未来发展提供科学合理的人力资源管理方案及流程，这是企业发展的坚实保障。共享服务中心的规范化、标准化服务使另外两个支柱工作效率显著提高，更好地提升人力资源管理的质量和工作效率。通过对人力资源管理各模块的重新拆分组建，实现专业和规模效应。

三、人力资源与人力资源管理相关理论基础

（一）人力资本理论

人力资本理论最早发源于经济学领域，人力资本理论拉开了有关人类劳动能力和生产能力的全新序幕。物资资本就是指物质层面上的具有实体的资本，包括

货币、厂房、生产设备和其他的有价证券等具有实物形式的资本；人力资本则不同，它以个人为载体，通过人的劳动能力、生产动力和各种知识技能等无形但能创造价值的要素体现出来。

根据人力资本理论，可以将人力资源管理分解为两个层面来理解，包括对人力资源的外在因素和内在因素的管理，即对人力资源进行量和质的管理。量的管理是在考虑人力要素和物力要素以及二者的变化的基础上，为人力要素提供科学的培训与合理的配置，以充分激发人力资源和物质资源在组织发展过程中的作用。质的管理是通过科学的手段和途径，对人力资源的个人感情思维、理性思维和行为方式进行合理的指引和管理，充分激发个体的主观能动性，推动企业战略目标尽快达成。

（二）人本管理理论

人本管理理论产生于 20 世纪 30 年代，但真正将其运用于企业管理，是 20 世纪 70 年代，人们进一步认识到员工在生产经营活动中的重要作用，形成了以人为主体的管理理论。这种观点提出，组织成员是组织的主体而不是客体，管理既是对人的管理，也是为了人的管理，企业经营的目的，不再是单单地对商品的生产，也是对企业员工的发展服务的。

人本管理就是把组织成员作为最重要的资源，对员工的能力、特长、性格特点等综合评判，科学地安排最适合的工作，并且充分考虑员工的职业发展，使用科学的管理方案，在工作中充分调动员工的积极性、主动性和创造性，从而提高工作效率，促进企业良性发展的同时使员工实现自身价值。人本管理真正做到了以人为本，以激励为主要方式，满足员工需求，调动员工的主观能动性，提高工作效率，满足客户的需求，实现企业的目标，使员工获得全面发展，并且有利于构建和谐的人际关系，增强企业的凝聚力。组织和组织成员共同发展，相辅相成，坚持个人与组织同命运、共发展，从而实现双赢。

（三）激励理论

激励是通过影响员工个人需求的实现来提高他们工作的积极性，引导他们在组织中的行为。激励理论的研究大多围绕人的需求，识别其特点，并且根据需求的不同来影响他们的行为。20 世纪 50 年代的双因素激励理论，同时期还有具有代表性的马斯洛需求层次理论，使激励理论变得完善，并且在企业经营活动中得到了广泛的应用。到 20 世纪 70 年代，又衍生出期望理论、公平理论等，这些激励理论的蓬勃发展，使得人力资源管理也迈上了一个新的台阶。

1. 双因素理论

双因素理论又称激励因素—保健因素理论（Herzberg's motivation -hygiene theory），是由美国行为学家弗雷德里克·赫茨伯格（Frederick Herzberg）在著作《工作与人性》中提出的。弗雷德里克·赫茨伯格认为，不是所有的因素都会对员工有激励作用，在激励因素得到满足时员工才会发挥出积极性，如果无法满足，也不会产生不满意的情绪；而保健因素却不同，缺乏时员工会显现出极大的不满，满足时只会消除员工的怠工和对抗，却不一定能激发员工的工作积极性。

该理论认为，满足各种需求所引起的激励效果是不同的，为了高效地调动员工的积极性，就要分清楚哪些属于激励因素哪些属于保健因素，不仅要注意物质利益和工作条件等外部因素，也要重视对员工的精神鼓励，给员工提供成长、发展和晋升的机会。

2. 需求层次理论

亚伯拉罕·马斯洛（Abracham H.Maslow）的需求层次结构通过金字塔内的五个等级来阐释个体需求的五个层次，从金字塔的底部往上看，个体需求包括生理需求、安全需求、归属和爱的需求、尊重需求和自我实现需求，靠近金字塔底部的需求要优先于顶部的需求。随着人力资源管理学与心理学的结合以及激励因素在人力资源管理中的重要性不断凸显，这个理论被大量应用于人力资源管理当中。

个体具有多个层次的需求，有需求就有动力付出劳动去实现需求，不同需求的优先级不同。在差异化组织当中，或者在同一组织的不同时期，不同岗位和个体都有不同的需求，而且需求也经常发生变化。管理者要从尊重员工的差异化需求出发，采用多种方式与员工进行沟通交流，了解不同岗位员工的需求，才能将需求层次理论应用到对员工的激励当中来，以使员工的多样化需求得到满足。从宏观的角度来看，人力资源管理是对整个社会的人力资本进行协调和配置，以实现人力资源价值的最大化；从微观角度来看，人力资源管理其实是在某个企业中对其人力资本进行合理分配的手段和途径。

具体到人力资源管理中，需求层次如下。

①生理需求。满足员工生理需求，主要采用调整员工薪酬结构，适当增加其收入，构建具有较高公平性的多层次薪酬结构。

②安全需求。应充分关注员工的精神与心理健康，保证员工的工作质量，提高其对工作的满意程度，减少员工的不安全感。

③社交需求。在构建新时代人力资源管理中，社交需求是不可忽视的一部分。它要求建立良好的人际关系、和谐的工作环境，如果员工之间的关系出现了问题，那么很有可能会导致工作无法正常进行。领导应该运用多种方式和下级员工进行有效的沟通，及时掌握他们的实际问题和需求，并积极地为他们提供帮助。

④尊重需求。在进行人力资源管理时，需要对所有员工一视同仁，对员工提出的需求及建议要耐心倾听并及时反馈或采纳，使员工获得尊重感。

⑤自我实现。自我实现作为最高层次的需求，是指个体在工作中实现自我突破、实现人生价值的需求。因此，在进行人力资源管理时，应从组织成员自身的具体情况出发，积极与其进行沟通，在充分了解其工作优势、职业规划意向等前提下，协助其制定规范、完善职业规划，为其实现个人价值创造良好条件。

3. 期望理论

期望理论是由著名心理学家、行为科学家维克托·弗鲁姆（Victor H. Vroom）于 1964 年在著作《工作与激励》中提出的。弗鲁姆的期望理论有两大重要前提：由于人们主观上决定着各种行为的预期结果价值，每个人心中都有着理想的预期结果；对行为激励的理解不仅应该顾及人们想要达到的目标，还应考虑到他们为实现自己的预期结果而产生的行为。弗鲁姆说，当一个人通过各种有效方法都无法达到预期结果时，他的行动不但会受到与自身预期效果所产生的偏差影响，还会受到自身对达到期望结果的可能性影响。

弗鲁姆的期望理论对有效调动员工的积极性、做好员工的思想教育工作有着一定的启示和参考意义，因为期望理论研究的重点，是在目标不能达成时研究目标对人的行为动机所产生的影响。因此想要成为一位优秀的领导者，就必须研究什么时候预期高于实际以及什么时候预期低于实际，如此才可以更好地激励员工。

在做员工思想教育工作时，要研究目标设定、预测效度、预测概率等因素对激励动力的影响。因为不同的人有着不同的目标，即使为了同样的目标，不同的人也有着不同的价值取向。所以唯有将具体问题具体分析，才能切实地充分调动每位员工的工作积极性。

4. 公平理论

公平理论是由美国学者亚当斯（J. S. Adams）于 20 世纪 60 年代提出的一种激励理论。亚当斯认为，一旦人们在比较之下认为自己的报酬未达到预期，就会心理失衡，产生愤怒与焦虑的情绪。而若报酬相对公平，人们就会感到满足，这时激励制度才有效果。由此可见，公平的氛围是企业内不可或缺的必要因素，因为每个人在任何情况下都想要受到平等的对待。同岗不同酬不仅会打消员工的积极性、影响工作效率和工作氛围，更会让员工对企业失去信心从而导致人才的大量流失。

此理论指出，员工对工资的满意程度可以改变员工工作的主动性和积极性，然而员工对工资的满意程度关键在于社会之间的相互比较，一个人最在意的不是自己的绝对工资有多少，而是相对工资有多少。人们都会把自己贡献的劳动力和获得的报酬与别人贡献的劳动力和获得的报酬进行对比，而且会把自己目前交付的劳动力和获得的报酬与自己以前贡献的劳动力和获得的报酬展开历史比对，员工需要维持一种配给上的对等感，假如他感觉自己的人工价值与别人的人工价值一致，或者目前的人工价值与过往的人工价值一致时，他就会觉得是合理、公正的，于是心情愉悦，工作认真负责，假如他感觉自己的人工价值低于别人的人工价值，或者目前的人工价值低于过往的人工价值时，就会萌生不公的感觉，心中会产生愤懑，因此，工作积极主动性也会大幅下降。目前，有些企业会根据公平理论的基本观念，选用一系列举措，如发放个人特定奖励等，以此让员工形成一种自己以为的公平公正，进而激发员工工作的积极性。

公平理论认为，员工做事的能动性不仅和自己的薪酬多少相关，还和员工对薪酬的配给是不是觉得公平合理尤为相关。员工都会自发或被动地将自己贡献的劳动力与其所获得的报酬和别人的予以对比，并且会对该薪酬水平的公正与否进行评估。员工对薪资分配的公平感会在很大程度上影响员工的工作动因和方式。所以，从一定含义上来说，动机的引发过程本质上是人与人之间通过比对，得出是否公平公正的推断，并且据此引导个人行为的整个过程。公平理论探索的核心内容是员工薪酬分配的科学性、公平性以及其给员工所带来的积极方面的影响。

因此作为企业管理者，不仅要从企业的需求与员工本身的性价比去定酬，更要从员工的角度与市场行情去进行综合考量。其核心就是打消员工在企业公平度方面的质疑，从而形成多劳多得、结果导向的良性竞争机制，对所有员工尽可能地做到一视同仁、公平对待。

（四）职业生涯发展阶段理论

职业生涯发展阶段理论是指以年龄为基准，将个体的发展分为不同的阶段。美国心理学家兼职业管理学家施恩（E. H. Schein），从人的生命周期特征、不同年龄阶段所面对的问题及其主要的工作任务等方面，将个人职业生涯分为9个阶段。

①成长、幻想、探索阶段（0～21岁）。发现自己的才能，学习基础知识，接受教育和培训，充当的主要角色是学生。

②进入工作世界阶段（16～25岁）。步入社会谋求第一份工作，充当的角色是应聘者或新学员。

③基础培训阶段（16～25岁）。进入组织，融入工作群体，担当实习生或者新手。

④早期职业的正式成员资格阶段（17～30岁）。正式成为组织的一员，承担工作责任，完成工作任务，开始与企业的磨合期。

⑤职业中期阶段（25岁以上）。选定发展专业或管理领域，深造并保持竞争优势，承担责任，确立地位。

⑥职业中期危险阶段（35～45岁）。评估自己的能力，接受现状或者争取更大的进步；建立与他人的良师关系。

⑦职业后期阶段（40岁到退休）。承担更大责任，成为良师，发挥更大影响力；或追求安稳，职业发展就此停滞，影响力下降。

⑧衰退和离职阶段（40岁到退休）。权力、责任、影响力、进取心开始下降，着手准备退休。

⑨离开组织或退休阶段（因人而异）。失去工作或者组织角色，离开职场，但依然有一定影响力。

施恩教授所提出的职业生涯发展阶段理论分类较为细致，年龄范围较窄，而且年龄上也有交叉，表现出个人差异。但是，从整体上讲，它可以涵盖大部分人的事业发展，并把个人发展中的一些问题纳入该理论之中，这对于个人的发展是非常有帮助的，职业生涯发展阶段理论可以根据时代的发展而做出相应的调整，从而适应日益完善的劳动分工。

（五）战略人力资源管理理论

战略人力资源管理理论形成于20世纪80年代。《人力资源管理：一个战略观点》阐述和深入分析了企业战略与人力资源之间的关联，标志着企业战略与人力资源管理的形成。《管理人力资本》标志着传统人力资源管理方法向战略人力资源管理方法的新跨越。简单地说，战略人力资源管理就是研究怎样系统地使人和企业之间形成更深层次的紧密联系。它将人力资源作为一种获得竞争优势的主要资源，强调利用人力资源规划、政策和措施，以获得能够与战略配套和与企业内部经济活动水平相匹配、产生企业竞争优势的人才资源配置。与传统的人力资源管理相比，战略人力资源管理认为人力资源是决定组织发展成败的关键，其核心职责是主导重大战略决策，按照组织内外部环境要求提出方案和促进变革，并进行总体的人力资源规划并落实，与发展战略之间是一个动态的、多方位的、长期的紧密联系，其职责直接纳入企业战略形成与实施的整个流程之中。

战略人力资源管理将人力视为重要资源，认定在所有资源中最核心的资源就是人力资源，组织的发展壮大与组织成员职业能力的成长相辅相成。虽然鼓励员工持续提高个人职业能力以提升竞争力，但应当先将人力资源提升到资本的高度。一方面依靠投入大量的人力资本成就组织的核心竞争力，另一方面人力资源也成为重要投资要素并参与企业价值的分配。战略人力资源管理理论主张只有充分发挥人力资源才能带来利益，因此必须给员工提供一种促进价值观达成的公平竞争环境，为员工提供必要的资源，在赋予员工责任的同时予以适度的权限，确保组织成员在足够的权限内开展管理工作，并构建适合的员工激励制度，充分调动员工的主观积极性。对员工创新能力、行动特征和业绩做出公正评估，并在此基础上予以适度的物质鼓励和精神鼓舞，从而激励员工在体现自身价值的基础上为企业创造价值。

战略人力资源是指在人力资源体系中的部分特殊人员，这部分人员拥有某些独特的专业知识和技能，且位于运营管理的重点领域或重要职位。战略人力资源管理具备以下四大特点。

①人力资源的战略地位。人才是企业获取长期竞争优势的重要源头，因此相对于一般人才来说，被企业称为战略性人才往往有着某种程度的专用性与不可替代性。

②战略人力资源管理的系统性。企业为获取长期可持续的竞争优势，组织部署了人力资源管理政策措施、实践和方案等，形成了系统的人力资源管理。

③战略人力资源管理的符合性。"纵向吻合"即人力资源管理需要与企业战略契合，"横向吻合"即整体人力资源管理系统各部门或基本要素间的相互契合。

④战略人力资源管理的目标导向性。战略人力资源管理利用组织架构，把战略人力资源管理的总体目标置入企业的运营系统，以促进企业组织业绩最优化。

（六）人力资源 4P 管理模式

人力资源 4P 管理模式以战略性人力资源管理和人力资源匹配理论为指导，是一种建立在企业战略基础上，以"人"和"岗"为两个基本点，以人与人、人与岗、岗与岗、人与企业的匹配为目标的战略导向的人力资源管理模式。4P模式的基本内容包括素质管理（Personality management）、岗位管理（Position management）、绩效管理（Performance management）和薪酬管理（Payment management）四个部分。

1. 素质管理

4P 管理模式的素质管理是在素质评测的基础上，构建基于组织战略、组织结构、岗位需求等要素的素质模型，进而对员工进行素质增进。素质管理能够提高员工的综合素质，在满足战略需要的同时，有效节省人力成本，增强竞争力。

素质管理具体包括素质获取管理，即在素质模型的指导下，通过素质测评和招聘企业获得发展所需的优势资源；素质保持管理，即通过构建激励体系将已获取的优势资源在企业内部保留下来；素质增进管理，即对员工进行培训和职业生涯规划，不断提高员工职业素养和工作胜任力；素质使用管理，即为员工搭建成长发展平台，创造良好工作环境，激发员工潜能，实现员工与组织的共同发展。

2. 岗位管理

4P 管理模式的岗位管理是指以岗位为对象，科学开展岗位设置、分析、描述、监控和评估等一系列管理。岗位管理是以企业战略为基础，随着发展变化而变化的。岗位管理具体包括岗位设置管理，即以企业战略目标为出发点，根据战略需求和员工素质设岗定岗；岗位轮换管理，即将员工职业生涯规划与企业战略需求相结合，实行岗位轮换，增加员工技能多样性和提高人力资源配置效率；岗位价值管理，即对岗位进行评价，确定各个岗位的价值并结合战略导向适时调整，从而为薪酬设计提供基础；岗位晋、降管理，即员工与岗位匹配的动态管理，以求实现人岗相适、人尽其才。

3. 绩效管理

4P 管理模式的绩效管理是指通过制订绩效计划与期望、实施与支持、考核评估、结果反馈与运用，提高绩效、开发员工潜能的管理，它更注重全过程的管理，是一种双向活动的沟通反馈管理。

绩效管理具体包括绩效计划管理，即结合企业战略目标和市场情况，通过KPI（关键业绩指标）等战略实施工具确定企业、部门和员工的绩效计划；绩效实施管理，即通过目标管理、标杆管理等工具将绩效计划有效落实，并提供必要资源条件以保障目标落实；绩效考评管理，即在一定的考评程序和科学的考评方法基础上，对绩效客观公正地进行考核评定；绩效增进管理，即考评者与被考评者通过面谈沟通和互动反馈，一方面帮助被考评者提升绩效水平，另一方面促进企业完善自身管理，更好地为改进员工绩效表现提供支撑条件；绩效考评结果运用，即将绩效考评结果与员工薪酬福利、岗位调配、职业发展等相结合，以不断优化企业人力资源管理系统。

4. 薪酬管理

4P 管理模式的薪酬管理是以组织战略为导向，它将薪酬福利看作人力投资而非人力成本，在具体操作中实行共赢式的薪酬管理和交易式的工资分配，它不仅要能满足员工的多层次需求，还要有助于激发员工工作的积极性，从而为组织战略的实现奠定基础。

薪酬管理具体包括薪酬目标管理，即在有力支持企业战略实现的同时满足员工的需求；薪酬水平管理，即薪酬的设定要注重内部公平性和外部竞争性平衡，同时针对员工绩效表现、内外部环境变化等情况进行动态调整；薪酬体系管理，既包括基本工资、绩效工资、各类福利津贴等物质报酬，又包括员工的工作成就感、职业技能提升、良好的职业预期等精神层面回馈，是一个完整的综合体系；薪酬结构管理，即划分合理的薪级，并合理确定薪酬级差、等差和薪酬宽带等；薪酬制度管理，即对薪酬制度的设计、管理以及实施过程中的公开透明程度等进行规范。

人力资源 4P 管理模式是一个建立在操作应用层面上的管理模式，在指导人力资源管理实践中具有极强的实用性和易用性；同时，它又是以组织战略为基础建立起来的，因此与组织战略密切联系，有利于配合组织战略的有效实施。人力资源管理实践主要包括用工管理、培训管理、岗位职务管理、绩效考核评价和薪酬福利等方面，与人力资源 4P 管理模式具有较强的适切性。

第二节　人力资源管理的发展历史

人力资源管理萌生于 19 世纪早期的英国工匠和学徒时代，并伴随 19 世纪晚期工业革命的到来而进一步发展。在这期间，美国管理学家弗雷德里克·温斯洛·泰勒（Frederick Winslow Taylor）在《科学管理的原理》一书中写道，未来管理的无可争议的目标是实现雇主和雇员双方的最大利益。至此，泰勒主义或科学管理标志着管理思想的范式转变，为人力资源管理的单一主义方法埋下了种子。换言之，科学管理没有给人们的生产生活带来持续性改善，反而因其劳资双方同一目标共同体的理念，加剧了雇主和雇员之间的利益冲突。在 20 世纪初单一劳资关系发生了制度性变革。行为领域开展了一系列实验，为开创人力资源管理的人际关系时代铺平了道路，特别随着工业发展日渐机械化，在工会和政府的干预作用下，企业的人事部门得到发展，"管理科学"成为重要的研究领域，并与"人的要素"一起演变为"组织行为""人力资源开发""人力资源管理"等学科。随着组织开始关注战略，人力资源管理也发展成为"人力资源管理战略"，重点是将人力资源哲学、政策和实践与组织目标相结合，以组织目标为中心，权衡所有组织实践的投资回报。至此，人力资源管理的重点转向"以战略为中心"，主张雇主和雇员应该是两个不同群体的成员，他们可能存在一些共同的目标，但势必存在各自群体的独有利益。显然，这其中掺杂了不同的利益相关者，管理者需要思考如何整合不同利益相关者的诉求，来实现组织目标。对于这个问题的探索一直延续到 20 世纪 90 年代末期，以人力资源管理战略为代表的主流研究开始追逐"卓越"绩效。可是，由于过度强调企业战略和利润至上，具有"卓越"绩效特征的相关实践最终导致了工作伤害，加剧了劳资双方之间的矛盾。

步入 21 世纪以来，一些人力资源管理理论和实践的观察者认为，经济的全球化意味着人力资源管理需要在商业道德、人才治理和管理员工的工作和生活平衡等问题上更加积极主动，尤其是面对数字革命、移动办公等通信技术的更迭，企业生存需要依靠国际化人力资源管理模式，将人力资源管理实践和雇用关系整合为一个整体，人力资源部门的业务重心转向对人才的选、育、用、留四个方面，强调人才资源在国际竞争中的战略价值。另外，未来人力资源管理应该关注找到优化和提高绩效的关键领域——重塑人力资本。相关要求包括人力资源管理要寻求维持人长远发展能力的方式，培育更具可持续性的组织文化，激发员工的社会使命感以及制定合乎多方利益的道德规范，探索更"新"的人力资源管理模式。这里的"新"旨在强调人力资源管理需要专注人力资源管理的"价值管理"，塑造个体的可持续发展。

正如全球劳动力正处于一种不可阻挡的、戏剧性的转变之中，这导致组织面临全球流动性和多样性、雇员工作生活健康问题、工作场所技术变化和虚拟劳动力等多方挑战。这些变化将影响传统人力资源管理的方式、内容以及考核标准。在这一情况下，当前人力资源管理领域衍生出许多新的研究热点，如可持续的领导力以及可持续的人力资源管理等。

综上所述，人力资源管理依次经历了人事管理、科学管理、人力资源管理战略、人力资源国际化四个阶段，目前正在迈向人力资源管理数字化和可持续发展的变革阶段，如表1-1所示。

表 1-1　人力资源管理的发展历程

阶段	时间	关注重点目标
人事管理	19 世纪末至 20 世纪初	行政事务管理、任务执行
科学管理	20 世纪初至中期	劳动分工、人际关系、劳资关系
人力资源管理战略	20 世纪末至 21 世纪初	战略目标、组织绩效
人力资源国际化	2000 年至 2010 年	人才引进与维护、竞争优势
数字化与可持续发展	2010 年至今	"人"的发展、长期导向、可持续发展

无论外界条件如何变化，人力资源管理的本质一直是人、资源和管理的集合。其中，人作为一种组织资源拥有无限潜能，可以通过有效的管理技术来实现短期和长期的组织目标以及个人目标。虽然很难预测未来人力资源管理的模式，但有一点可以肯定，企业内外部的压力以及组织、员工和整体就业形势构成潜在威胁的因素，促使人力资源逐步掌握当今企业市场竞争的话语权，并为人力资源管理模式创新以及员工的长远发展创造新的时代机遇。

第三节　人力资源战略的产生与发展

一、人力资源战略的萌芽阶段

自现代工业社会产生以后，劳动力就成为与资本、土地并列的基本生产要素之一。在资本主义发展的早期阶段，资本是制约企业发展的主要生产要素，相对于资本而言，劳动力在市场上是相对过剩的资源。劳动力的过剩和价格的低廉使得企业非但没有产生对人力资源战略的需求，反而对劳动力的管理表现出一种随意的态度。

资本家对人事管理的不重视直接导致劳资双方关系的严重对立，出现了雇主和工人之间的矛盾和冲突、工人就业的无保障和工人在岗位上的"磨洋工"等问题。由于劳动者地位低微，雇主对人事管理采用了一种任意的、独断专行的、非系统化的方式。在资本家的眼中，工人只不过是一件普通的商品，在其利润最大化的目标函数中，劳动力与其他生产投入要素的地位一样。在这个阶段，工头在人事管理上具有决定权，他们的任务是用最少的单位成本生产最多的产品。为了完成这一任务，工头采用的是高压驱动手段，他们将工人看成完成任务的工具。这种简单的管理方式在当时之所以有效，是因为市场上有大量的剩余劳动力，且工人完成工作并不需要特殊的技能。这时的企业基本上没有人力资源战略的职能。

二、人力资源战略的产生阶段

在 19 世纪末期之前，美国大部分劳动力从事的还是农业劳动。非农业部门，如制造业、采矿业和建筑业，一般都是小规模经营，雇用的都是具有某种手艺的工匠，使用的是手工工具。但是到 19 世纪末期，工业部门发生了重大变化。大多数产业中从事制造业生产的平均雇员人数翻了两番，同时企业中的生产过程也发生了重大变化，机器代替了手工，半熟练和非熟练的操作工及流水线工人代替了传统的工匠，标准件和相互替换件取代了特制件。最后，越来越多的工厂采用所有权和经营权分离的现代企业制度，出现了从事日常经营管理的企业管理者。当时由于现代管理技术和标准化流水线还没有在社会上得到广泛的应用，企业的生产效率还不是很高，生产出来的产品还未能满足人们的需求，也就是说，雇主提高生产效率的唯一方法是延长工人的劳动时间，降低工人的报酬，而这样的生产效率的提高是建立在员工损失的基础之上的，直接导致企业内部劳资关系的对立。

在这样的形势下，泰勒发起了科学管理运动，德国工业心理学家闵斯特伯格（Hugo Munsterberg）试图采用工业心理学的原理和方法促进工业效率及工人对工作的满意程度的提高。在这一阶段，由于福特（Ford）的标准化生产流水线的发明，产品从传统的低效率生产转变为高效率的标准化生产。企业规模的扩大和生产技术的革新，使得劳动分工、专门化、职能制、员工选拔、绩效考核等管理技术在企业中被广泛应用。

由于企业对生产效率的重视和熟练工人的缺乏，企业人力资源规划的一些主要职能已经产生，如进行人力资源供给和需求的预测以及根据人力资源供给和需求的差距制定人力资源规划政策。但是，在这一阶段，还没有形成一整套系统的人力资源规划理论。企业人力资源战略规划的重点也只是如何从市场上获得熟练工人和通过各种人力资源管理措施提高工人的工作效率。

三、人力资源战略的发展阶段

20 世纪 60 年代以后，科学技术的迅速发展和企业规模的迅速扩大导致了社会对高级人才的更大需求。在这一阶段，由于中青年男性劳动力和科学工程与技术人才严重短缺，人力资源战略开始在企业人力资源管理中占据非常重要的地位。企业人力资源战略的重点开始放在人才的供需平衡，尤其是管理人员以及专业技术人才的供需上。人力资源战略被定义为管理人员将企业理想的人力资源状态和目前的实际状况进行比较，通过各种人力资源管理措施，让适当数量和种类的人才在适当的时间和地点，从事使企业与个人双方获得最大的长期利润的工作。在这一时期，对人力资源战略的普遍看法是企业预测其未来的人力资源需求，预测其内部或外部的人力资源供给，确定供求之间的差距，并根据预测结果制订企业的招聘、选拔和安置新员工方案，员工培训和开发方案以及预测必要的人员晋升和调动方案。

20 世纪 70 年代，由于美国新法律的出台和各种政府政策的制定，企业人力资源战略需要考虑反优先雇佣法案和其他各种有关人事法案。在这一阶段，人力资源战略管理被广泛地作为大企业和政府企业的一种关键人事管理活动。一方面，人力资源战略管理极大地扩展了职能范围，而不再仅仅局限于对企业人才进行供求预测和平衡；另一方面，"人力"也含有企业将员工视为一种费用和成本的意思，而"人力资源"则将员工视为企业获取利润的源泉，是企业的资源和资本。这一阶段，由于人力资源战略与规划职能的扩展，已经有一些企业开始在制定人力资源战略与规划配套体系的过程中既考虑企业战略和人力资源战略，又考虑各种人力资源的行动方案。但显然无论从理论还是实践来看，许多关键的问题还没有得到解决，人力资源战略与规划作为一个体系还没有形成。

四、人力资源战略的成熟阶段

20世纪80年代以来，企业开始对之前的多元化战略进行反思，采取多种措施，缩减企业规模。一方面，很多企业实行分权管理，降低管理费用，争取变成精干型企业，这导致相当多的人才必须转移。企业的变革也使得企业与员工之间形成的心理和社会契约发生了巨大的变化。另一方面，人们对职业规划、弹性工作安排以及绩效工资更加重视。由于很多企业倾向于减少正式员工的数量，而更愿意雇用兼职员工和短期合同员工来满足企业的需要，这种情况导致企业临时劳动力快速增加。

由于企业面对的经营环境变化越来越快，企业战略在企业经营中的重要性越来越凸显，而人力资源战略作为企业战略的一个组成部分也越来越重要。企业将人力资源战略与人力资源规划联系起来，从而在不同的人力资源战略下使用不同的规划工具，进行不同的规划活动，在将人力资源规划与人力资源战略联系起来以后，企业能够根据企业的经营环境制定人力资源战略。这也就是人力资源战略通常所说的两个一致性，即外部一致性和内部一致性，或水平一致性和垂直一致性。人力资源规划与人力资源战略联系在一起，根据明确的人力资源战略制订人力资源规划，标志着企业成熟的人力资源战略管理职能的形成。

第四节　人力资源管理面临的新要求

随着经济社会的不断发展，人才逐渐成为社会发展的关键竞争点，企业为了更好地适应当代社会经济的发展，适应激烈的竞争，寻求更大的发展空间，必须更好地进行人力资源管理，企业人力资源管理也面临新的要求。

一、人力资源管理的持续导向要求

可持续发展是全人类共享的发展理念。在这一理念作用下，组织管理领域的学者开始重新关注和界定人力资源管理在企业可持续发展中的角色地位。由此，一种"新"的人力资源管理方法开始进入人们的视野，即持续导向型人力资源管理。这种"新"的地方在于识别并适应工作场所的动态性和复杂性，规避传统人力资源管理实践的负面效应，达成更广泛的目的。持续导向型人力资源管理是以一种不耗损且旨在实现可持续发展和绩效目标的方式引导员工，促进个体持续发展的同时，服务于企业效益、社会效益和环境效益在内的一系列人力资源管理活动。这一概念将人力资源管理的可持续性内化为企业利益相关者的共同责任以及对员工可持续发展的贡献。

人力资源管理的持续导向具有如下三大目标。第一，以创造经济效益为基础目标。这事关组织最根本的生存问题。一直以来，人力资源管理的相关研究总是基于人力资源管理影响绩效这一逻辑假设，回归最根本的问题就是人力资源管理结构与效益之间的联系，这意味着人力资源是组织获取盈利能力的源动力，合理地使用和优化人力资源可以显著提升组织的经济效益。第二，以社会责任承担和生态环境保护为扩展目标。透过社会价值视角和绿色发展视角，人力资源管理活动可持续化具有积极的组织外部溢出效应。同时，承担社会责任、保护生态环境也将反作用于组织效益，支撑组织获取更持久而稳定的盈利可能性。第三，以人的可持续发展为终极目标。人力资源管理的持续导向要求可以视为组织利用人力资源管理活动，对组织内的人力资源进行人力资本提升，塑造个体参与劳动力市场的竞争优势；也可以视为对组织外潜在人力资源进行人力资本扩充，打造雇主品牌优势。总而言之，人力资源管理的持续导向要求就是以人的持续发展赢创企业效益，造福社会和环境发展。

人力资源管理的持续导向要求可以从基本特征方面诠释如何将可持续发展理念运用于人力资源管理之中。

①长期持续性。在充满不确定性的商业竞争环境中，立足长远建构的生存之道才是明智之举。持续导向型人力资源管理旨在规避短期成本驱动的人力资源管理实践活动，尤其注重对人力资源的长期投资。未来导向是人力资源管理实现可持续发展的基石，将未来观念整合到当前实践中，通过对人力资源的有效利用和持续培养，保障组织未来发展对人力资源的合理诉求。与此同时，要从实践连续性的角度来理解长期导向对个体发展的现实意义。

②实践指向性。用持续导向型人力资源管理来指代以功能为导向的组织管理活动。基于组织行为学微观层面的人力资源管理研究主要探索人力资源如何提高个人绩效或满意度。通常采取具有显著指向性的、可操纵性的管理措施，验证这

些措施对个人的影响或评估个人的某些特征（技能、能力、态度等），并将评估结果与某些绩效指标（任务完成率、缺勤率、离职率等）联系起来。持续导向型人力资源管理的基本功能依然体现在对组织内外人力资源的获取、整合、维持、评价、开发五个方面，这些实践举措的最终目的在于揭示并解释个体可持续发展水平的差异。

③利益互惠性。人力资源管理的持续导向要求要结合利益相关者理论，将社会责任建设、生态环境保护等目标一并纳入日常实践中，这其实强调了可持续发展理念所秉持的"人—企业—社会生态"互惠共生的伙伴关系。这意味着一个企业的长期生存不仅需要凭借强大的盈利能力，还要在社会发展和环境保护方面表现出更强劲的竞争能力。人力资源管理的持续导向意义，就在于主张资源再生和资源消耗之间保持平衡，强调与相关资源展开密切合作。这意味着，人力资源管理的持续导向具有互惠取向，不仅需要实现组织绩效这一基本目标，还要兼顾社会效益和生态环境效益等共同利益，并将这一理念融入日常管理活动中。

④员工中心性。人力资源管理的持续导向彰显"以人为本"的管理理念，视员工为企业竞争的核心资源。在组织看来，人既是管理活动的主体，又是管理活动的客体。人的持续发展和全面提高，既是有效人力资源管理要达成的目的，也是组织可持续发展的基础和前提。所以，组织的可持续性建设也强调人的可持续性发展。此外，伴随以员工为中心的研究理念盛行，在员工层面践行可持续发展理念，能够从绩效改善、职业发展等多视角化解个体面临的竞争危机，实现人力资本价值的维持、再生和发展。可以说，员工中心性是人力资源管理的持续导向要求区别于其他人力资源管理类型的本质特征。

二、人力资源管理的绿色化要求

早在20世纪90年代就有学者提出将人力资源管理与环境管理相联系，随后提出了"绿色人力资源管理"或"环境人力资源管理"的概念。之后，学者主要从三个方面定义了"绿色人力资源管理"。第一，绿色人力资源管理强调其对环境的可持续性，是企业利用人力资源管理部门实施有效的环境管理策略的一种持续性管理；利用人力资源管理方法，以培养理解、重视、践行绿色行为的绿色劳动力为目标，最终促进组织内资源的可持续利用，实现环境的可持续发展。第二，绿色人力资源管理侧重于绿色人力资源管理的目的和作用，绿色人力资源管理既可以赢得竞争优势以及实现绿色战略目标，又可以为社会提供绿色价值；绿色人力资源管理可以帮助组织实现绿色和可持续发展目标。第三，绿色人力资源管理侧重于绿色人力管理发挥作用的主要环节，绿色人力资源管理措施主要体现在招聘与发展、绩效管理与评估、绿色奖励与补偿三个环节。

目前，关于绿色人力资源管理的测量通常涉及多个维度，如将绿色人力资源管理划分为绿色招聘、绿色培训、绿色薪酬、绿色绩效和员工绿色参与五个维度。从人力资源管理的功能性和竞争性维度来看，其包括六个功能性子维度（工作描述和分析、招聘、选择、培训、绩效评估、奖励系统）和三个竞争性子维度（团队参与、企业文化管理、企业学习管理）。具体的绿色人力资源管理维度划分如表 1-2 所示。

表 1-2　绿色人力资源管理维度划分

维度数	维度划分
单维度	—
二维度	功能性——工作描述和分析、招聘、选择、培训、绩效评估、奖励系统 竞争性——团队参与、企业文化管理、企业学习管理
三维度	①绿色招聘、绿色薪酬和绩效管理、绿色培训和参与 ②绿色招聘、绿色培训与发展、绿色纪律管理
五维度	①绿色招聘选拔、绿色培训、绿色奖励、绿色绩效、员工绿色参与 ②绿色招聘选拔、绿色绩效管理与考核、绿色培训与发展、 绿色奖励与补偿、绿色授权
六维度	①绿色工作岗位、绿色招聘、绿色选择、绿色培训、 绿色绩效考核、绿色奖励 ②绿色招聘、绿色甄选、绿色培训、绿色绩效管理、 绿色奖励、绿色员工参与
七维度	①工会参与、绿色培训与开发、绿色招聘与筛选、 绿色文化和支持氛围、绿色薪酬福利、绿色绩效管理、绿色参与 ②绿色薪酬管理、绿色健康与安全、绿色工作设计、绿色劳动关系、 绿色绩效管理、绿色选拔与招聘、绿色培训与发展

绿色人力资源管理的影响因素较为详细，涉及情境因素（包括组织外部环境因素、组织因素）、个体因素的方方面面，如表 1-3 所示。在情境因素中，我国环境规制的强制力对企业提出了更高的绿色化要求，会直接或间接影响绿色人力资源管理的制订和实施，尤其是绿色发展理念的推行和"五位一体"格局的提出。在个体因素中，领导风格、高管人力资源管理承诺等也是影响绿色人力资源管理的重要因素。

表 1-3　绿色人力资源管理的相关变量

因素	前因变量	结果变量
外部环境	政府的环保压力、消费者压力、管制压力、利益相关者的环保诉求、自然环境变化趋势、文化差异	—
组织	企业规模、绿色战略导向、绿色组织文化、绿色资本、企业的社会责任感	环保绩效、经济绩效、社会绩效、财务绩效、企业形象、绿色组织文化、环保创新
个体	绿色胜任力、领导风格、高管团队的环保意识、员工环保意识、组织认同感、人口统计特征	离职率、幸福感、环保组织公民行为、工作满意度、环境价值观、环保意识、环保承诺、绿色竞争力

　　首先，组织绩效是研究最广泛的结果变量，其中包括组织环境绩效、财务绩效、社会绩效。在研究组织环境绩效这一结果变量时，人力资源管理的绿色化可以直接作用于组织环境绩效，人力资源管理的绿色化要求实行绿色培训、绿色绩效管理和绿色奖励等具体措施，能够吸引并选择具有环保能力的员工，激发员工环保热情，吸引员工主动参与提高环保绩效的决策制订。激发员工环境热情，能够有效提高组织环境绩效，对企业的环境绩效有着积极影响。人力资源管理的绿色化要求特定领域也能发挥提高环境绩效的作用，绿色培训和发展对组织环境绩效有正向显著影响，并发现绿色培训是其最重要的职能，绿色申诉处理是最不重要的职能。更高水平的绿色人力资源管理，能通过绿色企业公民、绿色企业声誉和环境绩效带来更高的企业绩效。

　　其次，除环境保护相关的组织绩效外，人力资源管理的绿色化为组织带来更多无形资产收益，企业声誉正是其中一项重要的无形资产收益。实施绿色人力资源管理措施能够帮助企业参与市场环境竞争规则的制订，获得独特的先发优势。内部环境管理和绿色人力资源管理是提高企业声誉的催化剂，从而提升企业形象，而良好的组织形象不仅能够提高运营效率，避免因不遵守相关环境法而受到经济处罚，有助于降低整体运营成本，改善环保绩效和财务绩效，而且越来越多求职者倾向于依据环保形象判断企业的发展前景和对待员工的新标准，实施绿色人力资源管理有利于吸引高素质人才加入企业。实施绿色人力资源管理的企业，赢得声誉，树立环保形象，满足利益相关者的期望，从而促使管理者制定绿色战略导向，形成绿色文化和绿色领导风格。

最后，人力资源管理的绿色化要求对个体的影响体现在态度方面，能够对员工工作态度（如工作满意度、组织承诺）、环境态度（如环保意识、环境价值观）等产生积极影响。绿色人力资源管理实践可以改善员工工作体验，从而提高员工工作满意度，并通过影响员工的工作态度来间接改善绿色绩效。相反，在缺乏环保战略的企业中，很大可能降低员工对工作的满意度，甚至可能导致员工做出离职行为。绿色人力资源管理对员工组织承诺具有积极的影响。

三、人力资源管理的柔性化要求

柔性的本意是具备韧性的、较为灵活的。将其用于组织之中，代表着企业或者组织所呈现出来的独特性，它本身并非是一个全新的概念，相关研究起源于经济学领域，后来发展至管理学领域，柔性具体指能够适应变化的能力。

柔性人力资源管理是在战略柔性和人力资源柔性视角的基础下进行了不断延伸之后所形成的一个具有全新意义的概念。战略柔性拥有两个不同维度，其中，资源柔性表示组织内部忽略主体资源时替代性资源补位仍可以为组织创造同样效果时，这一转换过程的困难程度。协调柔性表示组织对战略重新制定并且重新配置所拥有的资源链，同时有效地重新部署这些资源的程度。资源柔性（即员工层面的资源）和协调柔性（即组织层面的协调、配置和部署）构建了在人力资源实践方面的人力资源柔性。在两个领域的基础上，组织总是希望在不确定的竞争环境中保持内部一致性，所以柔性人力资源管理归纳了不同领域柔性人力资源管理工作的特点，指出了柔性人力资源管理让人能够得到全面发展。

柔性人力资源管理是在组织中所采取的人力资源管理活动，能够提高员工知识和技能的多元化以适应动态的外部环境，并且企业能快速有效地部署这些知识和各种资源。将其分为两个柔性维度进行细分描述：一是资源柔性人力资源管理，指企业一系列人力资源管理措施让内部资源可以作他用时的适用程度，强调资源的广泛获取和开发；二是协调柔性人力资源管理，是企业采取多种不同的人力资源管理模式，从而确保组织能够快速针对资源并有充分的认知，从而展开全面的部署。这两个组成部分会通过不同的方式来影响组织对于外部市场的响应和组织内部的创新，具体来说，柔性人力资源管理通过一系列如筛选、培训、奖励和绩效等管理系统，专注于发展员工的技能和知识库，重新部署组织资源，促进他们的学习行为和知识交流。

人力资源管理的柔性化要求的关注点放在了员工个体上，具体指员工拥有足够丰富的技能可以适应组织发展的需要，企业设计柔性人力资源管理系统而促进员工之间的学习行为或者避免知识隐藏行为，从而为企业自身获得竞争优势。人力资源管理的柔性化要求主要包含技能、职能和行为三个方面，而资源柔性和协调柔性这两种类型的柔性应当是使用柔性概念的基本维度。人力资源管理的柔性化管理具体指"以人为本"的管理理念。传统的刚性管理仍然认为人可以作为机器被利用并给予相应的回报即可，柔性管理恰恰相反，将员工首先不定义为冷冰冰的机器，同时给予人性关怀，柔性管理相信足够的关怀和组织氛围的调动会得到员工积极的工作来回报组织，这比物质奖励更有效，培养员工对整个组织的认同感是有效增加组织效益的手段。尽管柔性管理有可能演变为"柔性陷阱"，但以人作为核心，这里的柔性更多趋向于温和的、非强硬的人本管理。有效人力资源管理指管理员工的实践之间组合协调以提高组织效率和绩效，具体来说是一套实践体系，强调员工的态度和行为直接决定了组织目标能否实现。人力资源管理的柔性化要求多技能选择、多技能培训、广泛的工作设计、信息共享、使用信息技术管理人力资源、基于组织的奖励、基于技能的薪酬、工作轮换、减少状态差别、员工参与和合作评估。

　　从组织层面来看，应当明确对组织绩效的研究可以直接衡量实施人力资源相关政策的有效与否，由于国外与国内对于柔性人力资源管理的关注点不同，导致一直以来国内外研究没有统一度量，柔性人力资源管理对组织绩效产生的效果是具有滞后性的，研究发现两个维度都会对企业长期绩效产生正面作用，短期绩效受协调柔性影响有正面效应，资源柔性不会产生太大的影响。柔性人力资源管理是一种能够增强企业竞争力、促进企业发展的人力资源管理，是企业发展的关键，因为人力资源的优势是他人无法复制的，其他机构类功能也不可替代，以资源柔性人力资源管理作为中介的研究表明资源柔性人力资源管理对组织绩效具有积极作用。

　　从个体层面来看，将个体层面变量引入柔性人力资源管理与员工心理契约满足之间关系探究，结果表明两者之间积极作用不显著，产生的影响是由个体差异导致。柔性人力资源管理为员工提供了机会和工作动机，这使工作富有成效，组织采取柔性人力资源管理实践时，员工也会在组织中具有很高的灵活性，这将提高他们的工作满意度和工作参与度，并促进引导员工的创新行为。

　　人力资源管理的柔性新要求从以下几个方面体现。

　　①基于能力发展柔性的培训激励。要提供多元的能力提升计划。第一，为提

供多元的能力提升计划，组织要在系统性分析组织成员培训需求之后，对组织成员个体的个性、职业发展路径等进行充分考量，然后结合组织的市场战略、组织成员岗位需求、培训课程、培训经费计划等进行培训计划制订，保证能够为组织成员提供具备差异化、个性化的培训。第二，组织要进行多元化培训方式的拓展，除了采用传统的课堂授课模式，还应当积极开发能够促进组织成员求知欲、创造力提升的相关培训，如可以采用当下较为流行的头脑风暴式培训模式、学习辩证式培训模式等，也可以以组织成员的特性作为导向，制订针对性的培训内容。第三，要注重培训内容转化，注重对培训效果的评估。重点评估组织成员培训返岗之后，是否有效改善了组织成员的工作状态、工作绩效。除此之外，还需要注意提高组织成员的心理弹性，当前大量研究已经证明，组织成员的心理弹性正向决定了职业潜力。第四，要为组织成员提供多通道职业生涯规划。组织成员到组织工作，除了想获取丰厚的回报之外，也希望能与组织共同成长，组织提供组织成员发展的平台并帮助其设计未来能有效地激励组织成员。除此之外，组织要结合不同经营周期中的岗位需要，适当调整组织成员的职业规划，保证组织成员职业规划能够高度匹配组织的市场战略，让组织成员在调整过程中感受组织的关注和培养，促进组织成员归属感的提升。

②基于岗位设计柔性的弹性工作优化。首先，采取柔性化的工作设计。对各个岗位制定职位说明书及岗位规范，每个岗位有明晰的工作内容及工作职责。从这种传统的岗位制度来看，其具有明确分工、工作流程清晰的特点，但这种岗位制度过度强调了领导层的权威，同时又强调组织成员的服从性，过度刚性的岗位制度进一步挫伤组织成员参与工作的热情和主动性，也与当前的时代发展相悖。为实现对组织成员的高效激励，保证在组织成员工作方面实现柔性化设计，在组织成员的岗位工作方面可以形成更宽松的工作内容及职责，促进组织成员自身知识储备提升，让组织成员进一步加深对工作岗位理解，实现组织成员工作潜力的大幅跃迁。例如，通过工作扩大化给予组织成员更多的工作职责及工作权限，通过岗位轮换的制度，进一步促进组织成员岗位完整性的认知，让组织成员适应多岗位工作，逐步加深对组织经营的理解，在保证组织成员认知岗位工作完整性的同时，进一步拓展组织成员的知识储备，提高组织成员的工作适应能力，促进组织整体运行效率的提升。其次，增加工作挑战性。组织可以结合组织成员的性格特征、能力大小、工作经验，为其制订具有一定难度和挑战性的匹配性、个性化工作目标，进一步提高组织成员参与工作的热情，促进组织成员工作创造力水平的提升。具体来说，就是要求组织在充分了解组织成员能力的基础之上，进一步

制订具备一定挑战性的工作目标，给组织成员形成内在心理的工作参与动机，让其在工作过程中独立思考问题和解决问题，进一步培养组织成员的解决问题能力。再次，创造具有"弹性化"特点的工作模式。赋予岗位工作弹性。在岗位设计柔性激励中，一是由组织进行弹性工作时间及方式的制订，让组织成员工作去除时间和空间的限制，使得组织成员能够有效脱离传统工作环境和时间之下的压抑氛围。设置工作弹性工作间歇，组织成员还可以按照自己的节奏来工作。同时组织可以采用弹性化的工作地点设置，如可以允许有特殊情况的组织成员居家办公，让组织成员在这种工作模式当中更能平衡家庭关系。二是在创设弹性化工作时间、地点的基础上进行弹性化工作任务的设置。具体来说就是在做出工作安排时，除了考虑到组织的工作需要，同时也要结合组织成员个人喜好进行工作内容分配，确保人岗匹配。在进行组织成员工作任务内容分配时，结合组织成员之间的差异化特征，充分考量组织成员个人的特长、知识储备、工作兴趣等，进行针对性的个性化工作任务安排，从而充分激发组织成员参与工作的热情和主动性。最后，实施人性化日常管理机制。组织应该基于人性化设计工作岗位，摒弃传统的机械性的基于工作时间的管理制度，逐步推进基于岗位角色的管理制度，在管理中赋予组织成员更高的自主性，弱化规章制度的考勤和考核的刚性管理。可以打破原有固化的工作规则，给予工作人员一定的权限，允许组织成员在职责范围内有一定的灵活性，在工作规则、工作流程等方面减少限制。例如，针对设计型组织成员，可以让其在工作中有更多的自主权，进而鼓励这些组织成员主动创新，并鼓励其参与到创新创造的活动当中。可以以年度作为周期，由组织成员自主制订工作方案，从而提高组织成员参与的积极性，在年度工作开展之前组织召开组织成员沟通会，可以在组织成员提交工作方案时进行抽奖，保证组织成员参与工作的热情；在组织成员沟通会上评选的优秀组织成员工作方案。在这样的模式之下，组织成员不但可以在工作中参与喜爱事件，同时还可以获得来自组织的资金和资源支持，最大化地实现其工作参与自主；对于组织成员的考勤应适当地弱化，允许部分岗位组织成员在工作地点及工作时间上有一定的灵活性，特别是对于设计型岗位的组织成员，允许这部分人员独立安排工作时间，甚至可以在非办公区域远程工作。

③基于组织成员价值柔性的弹性薪酬激励设计。首先，宽带薪酬设计方案。宽带薪酬是将更多的薪酬水平组合成更少的薪酬水平并扩大薪酬的范围。这种多重薪酬水平和薪酬范围的重新组合是宽带薪酬管理模式。其实质是将组织原有的多层次薪酬压缩为少层次薪酬，用宽带薪酬范围取代原有的狭窄薪酬范围和级差。

宽带薪酬模式更注重个人绩效和能力，更注重薪酬管理的战略定位和激励的公平性。其次，构建具有弹性的福利制度。增加福利的弹性，在福利方面可分为弹性和刚性两种，而其中的刚性福利则是指国家法律规定或组织传统制度当中的福利。弹性福利主要指的是企业给予的基于组织成员需求的福利项目，包含对组织成员健康、培训等方面的关注。最后，弹性福利设计方案。根据组织宽带薪酬设计的基础方案基于职务级别及年度业绩设计对应的福利点值，形成组织成员可以选择的菜单式福利，增加组织成员的可选择范畴。组织成员可以根据自身的需要选择弹性福利项目。

④基于文化柔性的构建包容型组织文化。首先，促进组织劳资互信。建立信任型组织文化，管理者要转变观念，真正做到"用人不疑，疑人不用"。转变经营管理理念思路，尊重和关心组织成员。允许组织成员在创新和创造的过程中尝试和犯错。组织成员应该相信自己的组织能够为自己提供良好的发展空间，为组织成员营造一个宽松、开放的工作环境。例如，通过举行定期晨会、茶话会，实行午餐会制度，强化组织成员与组织的有效沟通，增加组织成员与组织之间的信任。其次，建立健全组织支持机制。要求组织为组织成员工作提供强有力的资源保障。组织要形成鼓励组织成员创新的机制，在组织成员提出创设性的工作创意时，组织要积极进行支持，并及时对组织成员支持进行反馈。因为一旦组织成员的创造性思维遭受不合理处置，就会抑制组织成员的创造力。建立组织成员网络谏言制度，组织成员的意见和想法可以随时通过办公系统上传至组织的领导层。通过组织知识分享活动，进一步促进组织成员之间的彼此交流沟通，促进组织成员相互信任，促进组织成员相互尊重，培养组织成员换位思考的思维。从纵向角度观察，也要进一步实现组织成员和领导层之间的知识共享，促进组织成员和领导层之间互换角度进行问题思考，并创设性地进行工作问题解决，激发组织成员努力工作的热情。

四、人力资源管理的数字化要求

在现代企业管理中，人力资源管理数字化转型已成为企业发展转型的必然趋势，以人工智能、大数据、云计算、物联网等为基础的新一代数字信息技术变革正在改变人们的生活及生产方式，企业人力资源管理需要快速应对各方面的挑战，人力资源管理数字化转型成为现代企业管理提升的必然手段。

随着数字化信息技术的发展，人力资源管理必须成为数字化变革的领导者。数字化的工作场所和用工模式正在逐渐改变人们的工作方式和与他人协作的方式。首先，人力资源管理需要帮助员工强化数字化思维，引领数字化转型，创建数字化的管理和组织。其次，人力资源管理可以借助数字化平台应用和服务来革新整个人力资源体系、构架和流程，从而改进员工体验。人力资源管理数字化不仅仅是开发各种应用，还包括建立基于云端、数据分析技术的新移动平台，平台上集成各个模块的应用，如考勤、薪酬福利、招聘、协作、目标管理等。这些被整合的服务和数据将随时随地为使用者提供建议。

数字化是一个业务转变的历程，使用数字科技革新业务模式、获取新的利润和价值增长点。数字化对于人力资源管理者而言既是机会也是挑战，各行各业的数字化发展增加了对数字化技能人才的需要。随着岗位的演变，企业必须审视其招聘战略，以免造成相应的人才短缺而带来的损失。

数字化管理可以优化整个人力资源架构、提高员工的洞察力和预测能力，更好地设计人力资源解决方案，从而快速反应并提升效率。当完成这一系列的工作后，企业内部各项业务流程的可见度、清晰度将有效提升，组织的认知能力提高。同时通过社交平台增加员工和管理人员的互通，多方面地交流也能提升组织的认知。在这一过程中，人力资源管理需要倡导、促成这一转变，达成认知人力资源的理念。

数字化人力资源管理主要体现在两个层面——技术和数据。技术层面，可以通过给员工和用人经理提供相应技术，实现雇员的数字化赋能，原本需要人力资源面对面提供的服务，员工可以借助技术，通过自助线上查询等形式获得；数据层面，在大数据领域深耕，借助数据分析与趋势预测，可以更好地为人力资源管理决策提供帮助。

在新经济、新模式的背景下，人力资源管理数字化需要运用新的数字化技术实现转型发展，进而帮助各部门实现智慧协同，更好地应用科技赋能。转变运作方式，完善基础数据、标准及流程，在薪酬、绩效、员工发展与学习的决策中使用数据指导人力资源管理，使人力资源管理流程高度自动化、智能化，以减少因重复的事务性工作所花费的时间，继而有效提高工作效率、优化员工体验、提升员工幸福感。

第二章　人力资源管理内外部环境与现状

人力资源管理贯穿企业生产经营的方方面面，人力资源管理的内部环境和外部环境成为制约人力资源管理的重要因素，随着社会发展与国家对人才实施相关政策的完善，人力资源管理也有了较大的进步。本章分为人力资源管理内外部环境、人力资源管理现状与问题两个部分。

第一节　人力资源管理内外部环境

环境概念的界定一直是管理学这门复杂学科领域内探讨的重要课题，当前学术界主要从两个方面对环境的内涵进行细化：一是客观存在观念，从实证主义出发并认为环境客观存在，不以人的意志为转移，同时组织可以通过一定形式对其进行感知；二是外部条件观念，认为组织在发展运行过程中必须适应环境。环境概念的内涵日趋多元化，环境不是单一的由自然要素或社会要素构成，而是两个要素的有机统一，是一个组织内部构成与外部存在结合的综合系统。基于上述对环境概念的界定可知，人力资源管理环境也分为内部环境和外部环境。

一、人力资源管理内部环境

人力资源管理内部环境包括企业现有的人力资源状况、组织的发展战略、组织文化、组织所处的生命周期和人事政策等。

（一）现有的人力资源状况

人力资源管理是制定人力资源战略的基础，也是组织未来发展的前提。战略目标的实现首先要立足于开发现有的人力资源。因此，人力资源部门必须对现有的人力资源状况有一个全面的了解和充分的认识，充分利用科学的分析方法，对现有的人力资源的数量、质量、分布以及对现有人力资源的利用状况等进行认真的统计分析，这是人力资源内部环境分析的一项基本工作。借助人力资源档案对每位员工的基本资料、工作经验、受教育程度、专业技能以及其他特殊信息的记录加以分析评估，只有这样，才能对现有的人力资源现状了如指掌。

（二）组织的发展战略

随着改革开放的不断深化，市场化进程的加快，经济全球化和一体化趋势的加强，企业都面临着日益激烈的市场竞争，战略管理在现代经营管理中发挥着举足轻重的作用。组织只有注重战略管理才能在激烈的竞争中得以生存，才能完成二次创业并不断发展。组织的发展战略是经营管理的最高纲领和发展目标。在组织战略管理过程中，特别是在战略实施过程中，每个部门的存在也是因为组织战略的需要。因此，每个部门的目标都应该和组织的总体战略目标保持一致，在实践中配合整体战略目标的实现。现实的管理实践也进一步证明了，只有将人力资源管理与组织的发展战略紧密结合在一起，人力资源管理才能具有强大的生命力，才能显示出它应有的地位和作用。因此组织的发展战略是影响人力资源管理实践的重要的内部环境之一。

（三）组织文化

组织文化是在一定社会经济文化背景下，在长期生产经营中逐步形成和发展起来的日趋稳定的价值观、企业精神、行为规范、道德准则、生活信念、传统习惯等。组织一旦形成完整而有力的组织文化，组织的行为和组织成员的行为在很大程度上会被组织文化左右，而组织文化就成为约束组织成员的非正式的规则。组织想要有活力就要先激活人，要激发人的积极性，必须在人力资源管理中注入一种积极向上的文化观念，使组织员工都有明确的目标。

（四）组织所处的生命周期

一个组织的诞生、成长、成熟直至衰退，呈现出明显的生命周期。当组织沿着生命周期的不同阶段演化时，其受到的风险制约因素和程度是不同的，人力资源管理要在组织不同的生命周期阶段采取不同的管理策略，保证组织能够健康成长。

组织在创业阶段时，创业者自身要开始向职业经理人转变，或是从外部引入职业经理人；为了组织内部运行的需要和对外交流与协作的需要，组织要设置一定数量的部门和职务，即进行组织结构的设计，但往往是一人多职型；注意运用多种方法吸引骨干员工；基于实现组织目标的需要，要进行一定的培训工作，但主要还是借助外部力量进行，内部培训只局限于个别的师徒相授。

组织在成长阶段时，人力资源管理也要采取相适应的措施，创业者要尽快完成从创业者到企业家的转变，要按照与组织成长阶段相适应的原则重新整合组织结构，建立起规范化的各项制度，健全人力资源管理职能，逐步形成一套关于员工招聘、录用、培训、分配、考核、薪酬的标准，重视高层次人才的引进，同时因为新人的增加和中层人员的提拔，员工的教育培训工作也变得十分重要。此外，还要处理好正式组织与非正式组织的关系。

组织在高危阶段时，人力资源管理要注意利用外部咨询机构找出组织危机的症结所在；要促使领导者适时转变角色，提高领导者的权威性和决断力，为领导与管理方式的变革创造条件；要及时进行组织结构的重组，逐步实现授权与控制、稳定与灵活的有机统一；要完善组织的各项规章制度并严格执行，特别是在人才引进、员工培训和激励机制等方面要敢于突破陈规，进行创造性的工作；要注意重塑组织文化，有意识地培养一种积极的、团结的、勇于创新的并与组织要求相吻合的组织文化；要进行内部的人力资源调整，注重绩效评估，充分调动内部原有员工的积极性和创造性。

组织在成熟阶段时，人力资源管理重点应该是充分调动组织全体员工的积极性和创造性，使员工的潜力得到最大限度的发挥。

组织在衰退阶段时，要运用恰当的方法裁员，解决好薪酬福利方面的问题，这是该阶段人力资源管理必须解决好的重要问题，使裁员的过程更平缓，舒缓离开的和留下的员工的紧张度，提高剩余员工的生产力和效率。

（五）人事政策

人事政策是人力资源管理基本价值观念的集中体现，是一切人力资源管理活动的指导思想。人事政策直接反映如何看待员工的问题，反映了一种基本的用人观念和价值取向。人事政策的制定受多种因素的影响和制约，具体的人事政策贯彻必须依托适当的工作设计和组织才能实现。

人力资源管理政策、制度、方式的进步与否，关键是看其与当时特定历史时期的"现实人性背景"是否一致。只要二者是一致的、适宜的，便是最理想的、最好的人力资源管理制度或方案。

二、人力资源管理外部环境

人力资源管理外部环境包括政治法律环境、经济环境、社会文化环境、技术环境和制度环境等。

在不断发展的外部环境中，只有匹配与之相对应的人力资源管理实践活动，才能有效地促进组织在复杂、不确定和有威胁的环境中真正保持高绩效。只有组织在具有挑战性的环境下不断挑战，才能更充分地应对不断变化的机遇与威胁。

如果企业的人力资源管理能够与内外部环境、竞争变化相适应，那么该企业的绩效水平将得到有效的改善。组织可以在低动态—高竞争的环境中保持适当的发展状态，这种发展状态有利于组织绩效的提升。环境不确定性是影响人力资源管理的重要原因之一，环境不确定性在不同性质、不同行业中所发挥的作用均有所不同。人力资源管理在组织获取可持续性竞争优势方面发挥着重要的作用，而且外部环境条件起着重要的调节作用。

（一）政治法律环境

自新中国成立，尤其是改革开放以来，中国经济发生了巨大的变化，社会、文化也得到空前的发展。国家在推动经济发展、促进产业结构化调整、引导国内人力资源培育等方面更为重视。与之相对应的，我国根据国际社会关于社会保障体系框架的设计，结合我国社会保障实施环境与实际情况，逐步建立了具有中国特色的社会保障体系。随着中国经济的高速发展及经济全球化程度的不断深入，保障劳动者的权益成为日益凸显的问题，劳资关系的和谐程度也成为企业发展过程中提升竞争力的关键因素之一。为保护广大从业者的合法权益，构筑和谐与健康的劳资关系，我国的劳动保障法律体系也在不断扩展与完善。

《中华人民共和国劳动法》是新中国成立以来首部从劳动报酬权、平等择业就业权、休息权、社会保险和福利等方面全面系统地规范劳动权利及劳动关系的劳动法律。其在当时从立法层面突破了所有制的界限，充分肯定了劳动体制改革的成果，构筑了现代企业制度建立的基础。随后，国家陆续颁布了《中华人民共和国劳动合同法》《中华人民共和国就业促进法》《中华人民共和国劳动争议调解仲裁法》《中华人民共和国工会法》《中华人民共和国职业病防治法》《中华人民共和国社会保险法》《女职工劳动保护规定》《禁止使用童工规定》《社会保险费征缴暂行条例》《工伤保险条例》《全国年节及纪念日放假办法》等法律及一系列配套的法规规章。上述法律法规从劳动合同、就业与职业培训、劳动争议、劳动保护及社会保障方面进行规定与约束，目前我国形成了相对较为完备的劳动保障法律体系。

我国政府在不断完善劳动保障法律体系的同时，在执行操作层面保持了一定的灵活度以促进政策落地以及应对突发大型公共事件，来确保政策执行的有效性。如在 2020 年，为了减轻企业负担，促进复工复产，国家在大力减少企业税费、帮助企业修复或创建新的生产供应链、优化经商环境等方面采取了一系列保障性措施。在社保费用征收方面，人社部、财政部以及税务总局就联合制发了《关于阶段性减免企业社会保险费的通知》，这些相对全面且灵活的政策对企业缓解因不可抗力因素影响的资金压力、帮助企业渡过难关、保障各项政策有效实施都具有非常重要的意义。

整体而言，近年来不断完善的劳动法律保障体系确实保障了劳动者合法权益、提高了其社会保障待遇。但也在短期内对企业造成一定程度的桎梏，这主要体现在如下三个方面。第一，增加了企业的资金成本，如增加了保险成本、非员工过错性辞退成本、加班工资、劳动保护及福利待遇成本等，造成企业资金压力。第二，增加了企业的管理成本。由于在员工调岗、工作地点、培训、辞退方面的法律约束，企业势必需要在此方面增加大量的管理成本，以免承担违法违约责任。第三，用工风险的增加。伴随着不断完善的劳动法律保障体系，随之而来的便是阶段性劳动争议案件数量的直线上升。由于劳动者维权意识不断增强，企业受制于人力资源管理水平及条件，缺乏灵活应对新法的调整机制，导致用人单位及劳动者之间的劳资关系激化，影响企业形象，不利于内部员工稳定，从而影响企业的发展。

随着社会的进步、经济的发展、人民生活水平的不断提高，人们的需求日益多元化。要想充分激发员工创造力及潜能，发挥其最大价值，必须改变以往单方面的强调员工不计个人得失、要为工作付出个人生活与身体健康等代价的用人理念。一方面，我们仍然要提倡"长期坚持艰苦奋斗"；另一方面，我们需要进一步规范企业管理、提升治理水平，倾力打造以员工需求为核心的雇主品牌，提升雇主形象。加大对组织、员工的赋能力度，提高工作效率，尽可能保障员工工作与生活的平衡，减少员工因工作而缺乏对家人陪伴的负疚感，促进员工家庭和谐，以此来反向实现企业健康的、可持续性的发展目标。

完善的劳动法律保障体系在短期内对企业造成困扰的同时，也对人力资源管理的规范化提出了更高的要求，为组织内部人才竞争优势的打造提供了改变方向，从而带动组织实现长远发展。

（二）经济环境

近年来，我国在全球的经济地位持续提高，在全球经济发展中发挥着不可或缺的作用。人力资源作为现代企业的核心，加强人力资源管理可以提高现代企业管理水平，让企业得以健康发展，不断为国家经济发展做出更大的贡献。"高质量发展"是党的十九大首次提出的表述，从微观层面来讲，其基础是在全要素效率、生产力和生产要素的提高之上，经济发展阶段的转变，对人力资源发展提出了新的要求。

新时代背景下，中国特色的社会主义社会主要矛盾已发展变化为不平衡不充分的发展和人民日益增长的美好生活需要之间的矛盾。这种历史性变化是关系全局的，在确保继续推动改革发展的前提下，着力解决不平衡不充分的发展问题，实现发展效益、质量的大幅度提升，在文化、社会、经济、生态、政治等方面更好地满足人民日益增长的需求，新的要求就是更好推动社会的全面进步、人的全面发展，这也为人力资源管理奠定了广泛的民意基础。随着知识经济、信息社会和全球化时代的到来，人力资源管理也逐步成为经济社会、国家发展最重要的战略资源。

（三）社会文化环境

我国劳动力的结构、受教育程度正在发生巨大变化。主要劳动力群体从"60后""70后"逐渐转变为"90后""00后"，人员受教育程度持续提高。进入企业的新员工多为"90后""00后"，他们具有较强的个性和自我意识，同时也是拥有高级技能和技术的企业的"中坚力量"。这样的人力资源环境对管理者提出了新的挑战，也带来了新的机遇。"管"在既往的人力资源管理工作中的重心所在是以企业自身利益为立足点；而进入知识经济时代，由"管"到"理"的工作重心转变是非常重要的，管理人员需要厘清组织与组织成员的合作关系，并将利益立足点向组织成员偏移。

人们的观念与思维受所处的社会文化环境影响，最终将反映在人们的行为层面。我国上下五千多年的文明发展史，儒家文化在其中对中国文化与管理形态的影响深远。中华儿女历来重视所在群体的安全、稳定与和谐，认为个人的成就依靠团队或组织的发展，提倡"修身、齐家、治国、平天下"。同时，随着新生代员工逐步成为职场主体，其崇尚自由、注重生活品质、追求理想以实现个人价值的抱负等特性都将影响人力资源管理战略制定与人力资源管理实践的规划。

（四）技术环境

随着科学技术的发展、中国数字经济的崛起，直播带货、全民营销、在线教育等新业态、新模式迅猛发展。互联网、移动技术与产业融合使企业在内部管理、经营活动等方面做出改变，具有主体多元化、灵活性高、自由度高等特点的灵活用工方式也在冲击着传统的用工模式。人力资源管理不仅要考量内部因数字化资源投入以及技术提升对员工岗位技能要求的提高，也要充分匹配目前外部就业市场的高变化性以及人才对就业环境的高诉求。

大数据、共享经济、人工智能的时代浪潮来袭，企业的管理面临着前所未有的考验，同时也面临一次乘风而上的契机。作为一个开放的系统，企业对技术变革和环境变化有较高的敏感性和协同性，组织、组织内部员工和部门间的关系都会随技术变革和环境的变化而重构。相应地，组织结构也发生了变革以匹配运作秩序和发展逻辑的变化。工业经济时代，外部环境变化尚不剧烈，用户需求较为单一，科层制组织有着明确的横向职责分工和纵向等级秩序，稳固的金字塔结构帮助众多企业获得规模经济和生产效率的提升。随着时代的发展，用户需求逐渐变得个性化、定制化和多元化，高度强调横向分工和纵向控制的秩序严谨的科层制组织对于及时满足用户需求却"心有余而力不足"，反而束缚了企业前进的脚步。这倒逼着企业寻求构建更加敏捷和柔性的组织形态来响应变化，由此平台型组织能够在新兴的商业机会和挑战中构建灵活的资源、过程和结构的组织形态应运而生。

大数据技术的崛起为人力资源管理向信息驱动转变带来了弥足珍贵的战略契机。想要迅速顺应新的商业氛围、外界变更和满足新一代员工差异化、多元化的诉求，企业正积极或被迫地转变着自身的组织结构，由原有阶层式、分级式的组织逐渐向充分授权、灵敏的线上模式，人力资源管理的形式、手段也在此环境下更新换代。面对新机制、新经济、新员工，人力资源管理亟待运用新技术实行数字化转型，实现集体组织的科技驱动、智慧协力，并借助改善企业员工的能力素养，唤醒创新因子。人力资源的管理模式需要变革，以数据为导向来指导人力资源管理中的绩效管理、薪酬、补贴以及职工能力提升与岗位晋升，采取流程机械化降低重复性工作所消耗的时间来降低人工成本、改善职工体验等措施，将是人力资源管理数字化转型的关键途径。

从近些年的发展来看，人力资源管理数字化技术的发展迅猛，从电子人力资源管理到数字化人力资源管理技术，人力资源管理软件伴随管理升级而迭代。第一，人力资源管理系统将成为企业战略执行的重要工具。人力资源管理系统作为一种线上平台，可以帮助人力资源管理规划与发展在战略层面保持高度一致。人力资源管理系统将成为人力资源数字化的抓手，线上化、流程化的管理方式，使管控战略落地，促进业务增长。第二，人力资源管理系统将成为数字化决策的制订者。这将成为在数字化转型过程中重要的管理方式，从而方便人力资源管理在人才的选、用、育、留、汰的过程中最大化提高部门的工作效率，以数据化、智能化主导人才管理的数字化决策。第三，数字化转型进入加速期，企业更加关注组织适应不断变化的外部环境的能力，中大型企业应进一步增强柔性组织建设，通过灵活性较高的人力资源管理系统工具，从以制度为核心的人力资源管理方式向以人为核心的管理方式转变，激发员工的自驱性及自我管理能力，打造企业新型组织形态。因此，在目前拥有高效、强大的技术工具的外部环境下，人力资源管理数字化转型工作可以得到较好的技术保障。

（五）制度环境

制度环境作为一种外部环境，通常是由政府部门制定具有约束作用的规范、规则、行政处罚的措施，或通过相关政策，给予适当的发展环境。在我国现行经济社会运行体制下，作为引导和约束市场经济运行的"有形之手"，制度环境是一个重要环节。制度环境是政府为促进企业实施绿色人力资源管理和绿色供应链实践而制定的环境政策和制度，同时在企业开展绿色实践的进程中提供协助和支持。

第二节　人力资源管理现状与问题

一、人力资源管理现状

（一）人力资源规划现状

人力资源规划的统筹由人力资源部制订，主要根据经营战略和不同发展阶段的需要统筹协调制定相应的人力资源战略和政策。人力资源管理工作的效果，对组织各项业务能否顺利开展起到决定性作用。

人力资源规划根据企业的总体发展战略目标制定，而人力资源规划也为企业人力资源管理体系的构建和人才供需分析提供了基础，让企业遵循某种高效的方案来吸纳人才、提升人员素质和调整人岗匹配情况，以保证在人才数量与质量上都符合企业发展的要求。人力资源规划不全面，人员需求分析只是简单的计算规模扩大后的人员数量的变化，没有分析现有员工的情况，未曾把员工的离职意愿、员工的流动比率变动情况纳入考量范围，也不存在对人力资源规划的评估和反馈。只有当出现一定数量员工离职，岗位空缺的情况下才投入精力补齐缺口。这些人力资源规划内容的缺失，限制了企业对于人员管理的规范工作，无法科学预测人力资源的净需求，进而不能确保在任何时间点都能满足企业需求。在日趋复杂多变的市场经济环境中，由于没有长远的人才计划，不可避免地会对企业的存在与健康发展产生非常负面的影响，无法为企业未来的发展提供合理及时的服务，而企业也不能满足员工对长远发展的需求。

有些管理者认为企业的所有人员都清楚自己需要做什么，所以对岗位分析工作不够重视。企业要想让人力资源管理部门为企业做出更多贡献，就必须重视人力资源管理体系的建设，给予相应的资源投入，完善的管理制度可以促进其他资源的高效利用，企业的总体目标也就能够逐渐达成。而一家企业内部人力资源管理制度的完善与否，也代表着整合内外资源、协调各种关系的能力强弱，完善的制度管理的整体性、全面性都是人管人模式无法代替的——员工、部门各司其职，职责清楚界定的同时又紧密连接，高效的岗位制度可以在给企业减少人力成本的同时带来巨大经济效益。岗位职责的不清晰，会给企业内部运作造成阻碍，使员工摸不清自身在企业中的地位、责任、权利与义务，由此形成了互相推诿责任、执行力不足，甚至抵触工作任务职责的局面，从而使得组成要件之间无法保持和谐合作，长此以往，员工往往会离职，为企业带来经济损失与人力成本浪费。

（二）招聘管理现状

在长期的招聘实践中，人力资源管理根据实际情况总结制定出了不同岗位所需的人才画像，根据人才画像或社会招聘或校园招聘或自我培养的方式进行人才梯队的建设；针对不同岗位的人才，招募方式和侧重点都不同。例如，储备人才主要采取校园招聘的形式，在每年年初根据企业整体战略规划，拆解战略，并结合各部门的人才需求，制订今年的招聘计划；一般每年会有两次大的招聘活动，春季招聘和秋季招聘，组织一支庞大的招聘队伍，其中包含各部门领导或者骨干员工，根据实际需求会有所调整，走访各大名校，招聘合适的大学生。对于专业技术性强、需要较长时间培养或者需要丰富经验的岗位，招聘部门大多采用网上发布招聘信息或者与猎头合作的方式，快速发布招聘人才的信息。对于普通岗位或者蓝领岗位，通常采用与派遣企业合作或人才市场招聘方式。同时制定员工内推政策，员工可以内推相识的人才或者内推自己，这样做可以提高人才招聘的质量，同时提高了人才内部的流动性。

基于劳动合同法与员工签订劳动合同，为员工提供基本的劳动保障。同时，企业有设立工会，不定期组织员工活动，以组织团建、节日庆典等方式给员工提供了交流沟通的渠道；同时设有意见箱，员工可以通过匿名的方式表达自己对企业的建议或者意见；工会还会组织各种运动会，丰富员工的业余生活的同时，为员工健康提供了保障。多种多样的企业活动，拉近了领导层与员工之间的距离，为企业员工营造出"稳定、健康、通畅"的和谐氛围。

（三）培训管理现状

人力资源部门针对人才不同发展阶段、不同部门需求制订了有针对性的培养计划。针对刚毕业大学生或新入职员工制定入职培训内容，包括企业文化介绍、企业战略规划、安全知识、人事制度介绍等课程，以保证新员工可以快速地了解和融入公司。同时开展人才跟进工作，定期召开座谈会，及时了解人才发展情况和需求；员工部门报道后，不定期开展部门级培训。部门级培训以内部培训为主，外部培训为辅，包含相关技能、软件、工作相关知识等培训。同时每半年开展一次培训需求调查工作，根据培训管理流程进行补充培训；为了更好地利用已有资源，开发更多的培训资源，制定内训师管理制度，鼓励知识分享。内训师需要先在企业内部获得认证资质，确定内训师培训课程范围，开展培训后会对培训效果进行满意度调查，根据满意度情况给予一定的现金奖励，如表现优异，还会颁发优秀内训师奖杯等以资鼓励。

（四）绩效管理现状

绩效管理是企业人力资源管理中一个重要方面，它不仅仅传递一个绩效考评结果，更多的是通过计划、管理、沟通和反馈等路径来引导员工实现工作能力的提升，绩效管理办法的制订必须遵循科学与合理原则，才能与企业的发展和人才的成长相适应。

绩效管理体系能提高员工的工作积极性和效率，利用人力资源管控手段，以正向激励方式为原则，包括组织考核和岗位考核。组织考核即团队整体考核，企业根据经营计划中各个重要时点的计划完成内容，来确定绩效管理基准分，并根据各项工作的完成进展设定其绩效管理提取系数，再将绩效管理基准分与提取系数相乘得到组织的绩效；根据各个职能部门的工作计划中各项工作完成的达标情况评判绩效分数，并将绩效基准分作为部门绩效。岗位考核是指对员工个人的考核，将团队管理与企业文化行为纳入考核，实行递级考核。

绩效管理现状主要包括如下方面。

①绩效目标设定。在每年年初，协商制订企业全年指标目标值并进行拆解，将指标拆解划分到具体部门，人力资源管理部门从中协调任务下发；各部门负责人将分到的任务再进行拆解，具体到每位员工。

②绩效目标审核。员工根据自己收到的任务制订全年工作任务计划表，与部门负责人确认并审核通过后签字存档。

③绩效评价。每季度部门负责人会根据绩效目标签字版文件跟踪员工的绩效完成情况，并进行绩效打分，后将绩效考核结果发送给人力资源管理部门。

④结果反馈。人力资源管理部门根据各部门负责人提供的绩效结果进行存档作为年终奖发放、职位晋升、薪酬调整的依据。

绩效考核管理设置通过以下具体方式进行。

①考核频率。考核频率为固定周期考核一次。

②考核维度。根据不同的员工等级，对不同的员工进行评价的维度和侧重点也不同，如项目的完成情况及各项目节点的达成度和完成的成熟度等。

③考核分类。例如，有的企业会采用强制分布法将考核结果分为 4 个级别，分别为 A+/A/B/C；各等级的占比依次为 10%、20%、60%、10%。"A+"类等级代表员工的工作成果超出预期且表现优异，"A"类代表表现优异，"B"类代表基本完成工作任务，"C"类代表员工未完成制定的工作任务或有重大失误。

④考核沟通。当所有员工的绩效考核结果核定后，员工的直属领导会与被考核者进行一次面对面的交流，频率和交流人员由直属领导自行把控。交流的主要内容为本次绩效的考核结果评定、依据，找到工作中的问题，并提供改进措施，帮助员工成长，同时了解员工需求，进而调整下一步的工作安排，提高员工满意度，同时强调企业与员工之间的信任。

（五）薪酬管理现状

薪酬理念以创造价值为导向，以绩效结果为推动力。按照市场化原则，明确薪酬配置的原则和程序，并让员工同享企业经济效益，向员工提供行业内具有竞争力的薪酬，企业内部不同的部门、不同职级类别、不同职位员工之间的薪酬也追求公平性。

薪酬根据岗位级别进行设定。薪酬主要包含基本工资、绩效工资、加班工资和年终奖金四大部分，其中基本工资、绩效工资和加班工资之和为员工的月收入。①基本工资。基本工资是每个月保底收入，为员工的月收入主要构成部分，大概占月收入的 60%，同样也是其他薪酬收入（如加班工资）的核算基础。在员工入职时根据同企业洽谈的岗位级别和薪酬水平结果确定基本工资，同时企业根据基本工资基数给员工上缴社会保险。②绩效工资。绩效工资为鼓励员工努力工作而设定的薪酬补充工资，大概占月收入的 40%。发放基数根据基本工资确定，发放比例根据上季度月平均绩效确定。发放系数根据绩效等级不等，每个级别分别包含一部分区间段，且有部分重叠。以确保在激励员工的同时，给予直属领导一定的自主分配权力。③加班工资。加班工资依据国家劳动法制定，对员工额外工作时间的劳动支付加班费。④年终奖。年终奖的发放根据当年的企业盈利状况和员工全年绩效考核情况综合评定。根据企业盈利与年初目标之间的比例确定企业级发放系数，再根据员工当年的绩效考核月平均系数确定个人级发放系数。

二、人力资源管理问题

春秋时代的大政要管仲曾说："为政之本在于迎合人心。"在管理工作中，唯有将员工作为企业活动的主体来对待，才能够让员工意识到企业价值的创造离不开自身的奉献，从而感受到自己成为主角的价值。唯有如此，才能激发出员工的主人翁精神，与企业同呼吸同命运，关键时刻员工才能真正以大局为重，把企业发展放在自身发展之前，从而达到个人发展和企业发展之间的"双赢"。

由于我国人力资源管理研究起步较晚，目前在对人力资源管理的观念方面普遍存在着滞后性。总体而言，对于人力资源的管理和研究往往比较粗放，对企业人力资源价值缺少深入细致的研究和剖析，对人力资源在企业发展过程中所发挥的作用缺少合理的预测和评判，从而难以利用合理有效的方式激发企业人力资源的价值潜力。此外，企业并未引入科学合理、开放包容的人力资源管理理念，只是过多地依靠传统的约束限制性的管理理念来对人力资源加以引导，大大限制了人力资源利用率的开发，从而对企业的进一步发展造成一定的阻碍。

（一）人力资源规划问题

人力资源规划是为了实现企业的发展战略、完成企业的生产经营目标，运用科学的方法对企业人力资源的需求和供给进行预测，并根据企业内外环境的变化，制定相应的政策和措施，以达到人力资源供需平衡和人员的合理配置，合理的人力资源规划还能够有效地激励员工。有的企业高层管理者缺乏对人力资源管理的系统认知，只想着怎样获得高额的利润，中层管理者想着如何完成任务指标，全企业没有人将人力资源管理和企业的发展战略相结合。人力资源管理是一个庞大的系统，需要运用系统的思维来思考和解决问题，在一个企业中人力资源管理就像是人身体内的血管网络，连接着企业的各个部门，维持了企业正常的运转。企业未来如何发展，怎样提高企业的整体综合实力，怎样才能更好地激励员工，如何保持企业各个部门和谐平稳的发展，这些都是人力资源管理中常出现的问题。

有的企业每年年底的时候会做下一年的规划，但仅此一次，而分配到季度和月度的规划潦草不切实际，并且没有后续跟踪反馈情况，更多的是临时加减任务。人力资源部门更多的是听从总经理临时的指挥，被动完成人力资源管理的工作，导致做出的规划不能很好地落地实施。

认知不到位就会导致很多工作推动不下去，很多工作得不到支持，相关的人力物力财力投入不足，高层管理者在保证利润的前提下不会给予他不认同的方面做过多的投入。

（二）招聘管理问题

招聘工作是人力资源管理中的第一个环节，也是十分重要的环节，招聘不但能为企业提供源源不断的人才，也是考验一个企业成熟度的标准。招聘对一个企业来说是容纳接收新鲜血液的重要环节，组织长久的发展不可或缺的就是通过招聘不断吸收引进新员工。员工招聘的内容主要由招募、选拔、录用、评估等一系列活动构成。员工招聘有两个前提：一个是人力资源规划，需求预测决定了要招聘职位的数量以及类型等；另一个是职务描述与任职说明。这两个前提为招聘提供了主要的参照依据，同时也为应聘者提供了关于该项工作的详细信息。

1. 招聘机制有待完善

有的员工对于岗位职责的划分并不清楚，在招聘的时候没有明确的岗位说明书，新员工也不知道工作职责是什么，导致入职之后觉得自己的经验和能力与工作是不匹配的，这就说明在招聘过程就存在漏洞。企业内部存在对工作职责规划不清、不明确的问题，导致员工对自我职责认知不清晰，也不知道其他人都是做什么的，会产生不公平的想法，同样是工作为什么其他同事看起来比我更轻松，薪酬待遇也相差那么多，这都是招聘中或者招聘之前，在招聘模块中出现的问题。有的企业高层领导者对招聘问题出现了分歧，导致下面的招聘工作进行得十分别扭，在招聘渠道很窄的情况下，又没有统一的制度标准作为依托，招聘来的员工综合素质参差不齐，实习后能留下的员工很少。招聘的流程没有完善的制度做支撑，企业对应该录取什么样的人才没有统一划分标准。并且中层或者高层管理者因为工作时间的原因没有办法亲自面试，无法对新员工进行全面把控。在面试过程中，面试官缺乏面试技巧，只是做简单的问询，会出现面试者本人对应聘岗位的任用条件不了解，无法正确衡量应聘者的现象，有时还会出现由于招聘时间紧迫，为了完成招聘任务，急于求成，只要应聘者有意愿就直接办理入职的情况。这样效果不好而且会使得招聘成本上升，录用的员工综合素质参差不齐，不符合科学的招聘流程和方法。

2. 招聘需求分析有待完善

缺少完善的人员需求分析，简单地根据预期发展规模确定人员需求数量，在技能水平、能力标准等方面，也没有根据不同的重要程度的岗位设置不同的招聘标准，没有岗位说明书，每个岗位的具体信息也无法让应聘者在招聘过程中充分了解。

3. 招聘渠道单一

尽管学校招聘比社会招聘更容易招聘到专业符合程度高的员工，不过由于学校招聘时间相对固定，时间跨度长，往往无法迅速实现人员补充，每年六七月份应届大学生入职之后，下次增员补缺要等到一年以后，若不能开发新的招聘渠道，招聘将会受限。

（三）培训管理问题

培训作为人力资源管理中不可缺少的一环，其重要性不言而喻。好的培训不仅能提升员工的工作水平，也能提升他们的工作效率，从而增强企业的竞争优势。

1. 培训过程有待优化

员工和企业不够重视培训，很多培训是突击、临时安排的，培训部门在安排培训时更多是为了完成培训任务，不重视培训的实际效果和员工反馈的意见。培训为单向授课，缺乏互动。培训前缺少完善的培训需求分析，没有对整个组织的情况进行分析，如组织的长短期目标、组织文化、组织氛围等，这样对培训的整体把握就会和组织目标有出入；没有对人员的整体情况进行分析，不能实时把控人员信息，对于可预期的任务情况是否有足够的人力资源匹配只有模糊的概念，对于培训的需求没有准确的定量。培训过程中未设定培训目标，没有规定员工完成培训的条件；培训方式单一，主要以聘请专家开展讲座和网络学习方式展开，培训的"福利性"不强，培训次数少且随机性较大；培训内容也没有岗位针对性，培训者素质参差不齐，培训不是针对受训者素质的提高，往往是为了解决某方面问题的"临时抱佛脚"，也只有在职培训这一种形式，没有岗前实习、上岗引导等培训，培训同样也没有考虑员工的个人意愿。以新入职员工的培训为例，主要进行相关的基础知识培训，培训内容主要包括企业发展史、文化理念、相关制度，并没有培训目标，不管是对技术还是管理方向的员工，都没有加快其投入岗位工作的内容。

2. 培训效果不够明显

培训管理的主要问题表现为培训课程断层、培训氛围沉闷、讲师不够专业等。因为缺少理论基础，尤其是某些岗位需要较深的知识积累，课堂上学习的知识很多时候难以理解，员工碍于情面不敢提问也不知道该如何发问，导致很多时候对教授的知识一知半解，无法应用到工作中。培训时课堂氛围沉闷，缺少必要的授课技巧，再加上培训室多为会议室，且多为一对多课堂形式授课，讲师无法兼顾所有学员。培训实施后未设置培训目标，无法对培训成果进行评估，也就不能评估培训的有效程度，更不能通过培训有效程度反馈优化培训前准备工作、培训实施的有效性。高层管理者对培训的效果只是粗糙的定性分析，培训内容从知识层面到实际应用，从对个人到团队迁移考虑得都不够全面。

3. 培训课程设定与工作相关度不高

培训课程设定与工作相关度不高，甚至是完全无关。培训多以部门级培训为主，课程主要是专业技术类课程，比较枯燥乏味。实际工作中很多情况下需要员工与客户、供应商、其他部门人员协调沟通，因为工作岗位的关系，缺乏必要的沟通技巧和合适话术，造成交流困难，进而导致工作无法推进，需要寻求部门领导或项目组的支持，造成不必要的时间浪费。

4. 系统化培训的缺乏

员工的培训与发展是人力资源管理中的一个重要内容。从员工个人的角度说，培训和发展可以帮助员工充分发挥其潜能，更大程度地实现员工自身价值，提高员工工作满意度，增强对企业的归属感和责任感。从企业的角度说，有效的培训可以减少工作事故、降低成本，从而提高工作效率和经济利润，增强企业的核心竞争力。有的企业从高层到基层对培训都是很重视的，认为培训是很重要的一件事，所要培训的内容范围广、深度大，包括与人沟通的能力、心理学等纵向知识，还有各个行业间必须懂得的基础横向知识。企业有重视的意识，但还没有形成体系化的培训流程，更多的是发现了漏洞随时补救。员工在参加工作时对自我的成长发展更加关注，也对企业的培训要求更高，不再满足于专业化的培训，除工作之外的培训也是必不可少的，也说明了企业虽然做了很多培训，但都是知识层面，为了让员工更专业化地工作，对员工的职业发展性规划做得不够。企业内部在员工中未形成自主学习氛围，一方面是企业培训的形式单一且内容单调乏味，员工更多的时候是被迫参与培训，缺乏主动性，另一方面对培训的规划没有连续性，订单急剧增多的时候或者是出现新的行业知识点时临时安排培训，并且制订培训规划没有与员工职业生涯发展相匹配、相关联，导致培训出现短时效应，对企业长久发展起不到支撑作用。而且缺少培训后的考评机制，培训完的效果得不到评估，企业内对培训缺少有效评估与反馈，没有建立起学习型的企业文化。

（四）绩效管理问题

实施绩效管理，可以更加清楚地了解企业目前的发展情况，分析问题，明确企业的下一步发展方向，从而推动企业的发展。通过实施绩效管理，可以对以往各阶段的工作进行总结，有利于发现企业发展中的问题，并及时提出相应的改善措施，进而实现企业的可持续发展。业绩考评可以清楚地反映出员工在以往的评价周期内的工作状况，同时也能令其进行自我反省，为今后的发展指明方向，以最大限度地满足员工的发展需要，不断提高员工的工作能力。

1.绩效目标和规划不匹配

缺少绩效规划，考核目标未匹配工作计划。绩效管理服务于企业组织整体战略目标，主要是通过分解企业层级的战略目标到部门，再到各个岗位形成个人目标，再通过个人的目标达成汇总完成企业层面的战略目标。而目前有的企业对整体绩效工作的规划是缺失的，绩效考核企业管理者也对核心员工的个人目标的达成非常关注，但却忽略更重要目标的完成度，毕竟企业层级的战略目标并不是个体目标的简单相加，这就出现了个别优质业绩无法带动团队优质目标达成的情况。企业的整体目标往往设置得较高，目标和工作计划不能相匹配，最终分解到员工，以至于员工就会担负大量的工作任务，导致其失去工作重心，工作效率下降，造成各个部门的绩效考核都不达标，最终企业无法完成战略目标。而且过重的工作负担容易使员工对工作失去热情，盲目地完成工作数量，而不追求工作质量，长此以往恶性循环，导致企业发展和个人成长无法统一，员工会不断积累负面情绪。

2. 绩效考核周期长

有的人力资源管理部门会将考核周期设定为每季度一次，但只会在年终向员工公布全年的综合考核结果，但并不会将考核结果直接告知被考核人员，需要员工根据每月工资计算才可得出，加大了员工信息获取的难度；且每个项目节点完成后，除项目组自行召开总结会议，对项目组成员进行鼓励外，企业和部门再无其他激励方式，甚至有的项目组还不开总结会。过长的考核周期和及时激励的缺失，磨损了员工很大一部分的工作热情，工作完成得好坏当时并无法完全显现，造成员工无法持续高效率地工作。

3. 工作分配不合理

制订年度业务目标并拆分为具体任务，每个部门认领该部门的考核指标，年终完成并考核，每位员工再认领本年度的量化的具体工作。在任务下发过程中，部门领导为确保指标可以平稳实现，会根据员工个人能力分配具体工作。这就导致个别员工承接了更多的工作任务，而其他个别员工工作量却较少，令个别员工感到不公平。

（五）激励机制问题

1. 培训激励不足

一是受训人员范围较窄且流于形式。企业在员工的培训方面，由企业的人力资源部门组织员工个人提出申请，并将申请交由领导审批，在审批完成之后员工才能参加培训。一般情况下，企业开展的培训主要针对主管及主管以下的员工，多为技能型的培训，同时培训时间会出现和工作冲突的情况，为不耽误工作，员工在培训过程当中常常会出现旷课、代替上课等问题，使得培训开展流于形式，也影响了最终的培训转化效果。

二是企业培训缺乏系统化及制度化。企业的培训安排除了常规的员工培训，如法务培训、新员工培训等，对于不同部门及不同层级员工的培训依然相对缺乏系统性规划。因此企业在满足员工的培训需求及培训效果方面做得不够理想。培训激励不足的原因主要在于相关培训机制仍然遵循行政管理模式，不符合市场经济发展规律。培训内容与劳动、薪酬、就业制度的相关性不高，培训主体的利益得不到驱动。企业也对培训效果重视度不足，在一定程度上弱化了激励对培训的作用。

2. 岗位激励有待优化

岗位设计缺乏人性化，员工工作压力较大。企业的激励机制仅依靠于高薪酬支持，忽略了员工的真实心理感受，忽略了员工在工作中被尊重、参与企业决策的心理需求。对于员工来说，简单的经济激励可能并不有效。他们更关注企业能否为自己提供发展机会及平台。岗位激励不合理的原因是没有一套科学、合理、相对公平的岗位能力激励和提升体系，再加上工作压力大、工作时间长，一些年轻员工就会表现出离职倾向。

3. 薪酬福利激励缺乏弹性

员工基本薪酬确定是结合了员工的工作能力、工作岗位、岗位内容、岗位难度、岗位责任等方面来进行评估的，并按月进行工资发放。绩效工资是浮动型的工资，能够体现员工的工作业绩以及其在组织中的工作效率。对此结合员工的工作效率、每月出勤情况、工作态度、制度违反情况等对其进行综合绩效考评，按月考评员工的绩效完成情况，并评估其可变薪酬。企业激励机制缺乏弹性的原因在于虽然构建了客观的绩效评价标准，也初步构建了激励机制，但激励机制在员工看来依然缺乏灵活性，现有激励模型显得刚性、过时。

4. 企业文化缺乏包容性

在企业的日常运营中，企业为员工组织了多样化的团建活动，但整体活动开展时效不足，往往流于形式，没有构建起良好的企业文化氛围，没有形成积极向上的正能量。例如，企业员工的合理化建议被压制，员工对企业的考勤制度抱怨较多。包容性的企业文化可以提高员工的归属感和融入感。当员工被聆听和尊重时，更为容易建立起工作上的自信心；在积极的工作和反馈意见沟通中，员工更愿意接受资深员工的指导，从而可以更快地提升自己的工作技能。包容性的企业文化也可以帮助资深员工心态上变得更为开放，更为愿意听取他人的建议，希望和他们一同把工作做得更好。企业文化缺乏包容性的原因在于企业没有将内部文化环境作为企业人力资源管理的重要激励因素，也没有将企业文化作为传达员工思想感情的手段，导致员工缺乏归属感和认同感。

（六）薪酬管理问题

员工能够获得的薪酬，不仅包括可以直接获得可见的薪酬，如货币形式的工资，还包括可以等价转化的其他形式的薪酬，这种薪酬"支付"方式，脱离固有思维中"金钱"和物质的范畴，是根据员工的需求，有针对性地精准提供，通过增加非经济性的报酬和精神激励成分，满足员工的真实需求。例如，舒适的办公环境、和谐融洽的人际关系、给予参与中高层决策机会、给予更有挑战性的工作、适时的鼓励、完成任务的成就感以及获得更好的发展机会等难以用货币来衡量的薪酬形式。这些薪酬形式丰富多样，可以多角度、全方位地满足不同员工的需求，而且很多是可重复提供的，具有一定普适性。

内在薪酬等薪酬支付方式，能够更好地满足各类员工个性化的需求，如新生代员工，已经不再单纯满足于物质薪酬上的满意，更多的是精神上的需求。满足其精神层面的需求，可以有效增强员工的归属感和团队凝聚力。正因为内在薪酬展示出其不可替代的关键作用，所以越来越受到企业的重视。但在部分企业中，管理者受制于传统管理理念的束缚，更倾向于为员工提供外在的货币性薪酬，忽视了内在薪酬和福利，使员工的内在需求未得到有效满足，让员工感觉投入与获得缺少关联性，从而降低了员工的满意度和忠诚度。但同时也应该注意到，内在薪酬并不能完全取代外部薪酬，内部薪酬是作为补充部分存在的，是锦上添花。薪酬管理过程中还是要遵守以外部薪酬为主，内部薪酬为辅的原则，保证员工利益，切不可本末倒置。

1. 薪酬管理理念落后

人力资源管理工作，尤其是薪酬方面未引起企业足够重视，这不利于企业的可持续发展。因此，如果要彻底改变现状，企业就需要与时俱进地改变薪酬管理理念和管理模式，引入国内外先进、经过验证的、适合本企业实际情况的薪酬体系，通过构建科学合理的薪酬管理制度，支撑人力资源管理工作的顺利进行，确保改进后的薪酬管理方案可以真正落地，进而提高企业的综合竞争力。

2. 薪酬管理体系缺乏长远规划

不重视外部市场发展环境，未将企业发展目标和薪酬规划结合起来，导致薪酬体系管理制度缺乏长远规划，造成薪酬管理体系系统性存在不足，制度呆板，缺乏灵活性，这些都不利于企业发展。

3. 薪酬福利待遇内容单一

薪酬就是企业对员工给企业所做的贡献，包括绩效、努力、时间、学识、技能、经验与创造所付给的相应的回报或答谢，这实质上是一种公平的交换或交易。例如，薪酬制度和报酬的合理性出现了很大的问题，员工来企业工作第一要务就是收获劳动所带来的报酬，员工在薪酬方面感到了不合理不公平，那么工作的积极性就会大大降低，不利于企业的长久发展。除了薪酬方面，福利还包括企业内部的工作环境、各项补贴和补助。例如，有的企业办公室内配备了饮水机、咖啡机、冰箱、微波炉等设施，日常的话费补助、加班补助也按时发放，这就大大增强了员工的归属感，建立完整的企业文化团建活动，关注员工薪酬的同时也要注重员工精神的愉悦和发展，现代的员工接受了新思想和新理念，认为工作环境也是非常重要的考虑因素。

近些年来，不少企业也逐步认识到人力资源管理是很重要的，开始抓人力资源薪酬管理方面的工作，也对薪酬管理工作做了相应的调整，但是在具体实施过程中，更多时候还是站在管理者的角度去思考，想当然地认为员工需要什么，却没有充分地考虑到员工真实的福利待遇，尤其是不同年龄段员工的真实需求，如住房公积金、加班补助、休假和社会保障等，无法将福利和员工需求对应起来，这对员工的幸福感及获得感都会有一定影响。因为人力资源管理人员有限，无法做到精细化管理，同时为了减少工作量，大部分企业员工享受到的福利待遇很多时候以货币形式为主，福利形式单一，这样虽然有效减少了人力资源管理部门工作负荷，但实际对员工来说，却不够友好，单一化的福利形式已经很难满足目前企业员工的生活实际需求，已经影响到企业人力资源薪酬管理的激励效果，对部分员工来说甚至是无效果。

4. 薪酬支付模式单一

多元化的薪酬支付形式，可以保持人力资源薪酬管理维持在较高水平。但是因管理能力有限，无法做到精细化管理，进而导致薪酬的支付形式比较单一，无法更好地起到有效激励作用。缺少创新，而且呆板的薪酬支付模式已经不适合企业现有发展水平，在现有基础上优化的同时，还应综合考虑员工的知识、技术、管理的作用，满足员工工作的多样化需求，让他们可以更好地完成工作任务。例如，员工对休假、游学、个人成长、职业辅导、用品补助、荣誉称号等职业发展和精神层面的需求。现有模式不利于企业员工的工作主动性和创造性的提升，甚至也成了企业人力资源管理能力提升的绊脚石。

第三章　人力资源战略与规划

战略与规划是关系企业发展全局的问题。人力资源战略作为企业战略整体框架中的一部分，是企业总体战略实现的保证，得到了企业越来越多的重视。本章分为人力资源战略和人力资源规划两部分。

第一节　人力资源战略

一、人力资源战略的内涵

1981 年，戴瓦纳（Devanna）在其著作《人力资源管理：一个战略观》一文中，首次提出了人力资源战略管理的概念。1992 年，赖特和麦克麦汉（Wright & McManhan）认为，人力资源战略管理是系统地将人与组织联系起来的、统一性和适应性相结合的人力资源管理，它是组织为了达成目标，对人力资源各种部署和活动进行计划的模式[①]。1990 年，舒勒和沃克（Schuler & Walker）认为，人力资源战略其实是程序、活动、集合，通过人力资源管理部门和相关部门的努力来实现企业的战略目标，以此来提高企业的绩效，并维持企业竞争优势[②]。1992 年，库克（Cook）认为，企业的人力资源战略表明了人力资源管理的指导思想，这些指导思想给企业的人力资源计划和发展提供了基础[③]。1998 年，科迈斯·麦吉阿（Comez Mejia）等人认为人力资源战略的定义：企业慎重地使用人力资源，帮助企业获取和维持其竞争优势，它是组织所采用的一个计划或方法，并通过员工的有效活动来实现组织的目标。2004 年，张德认为，人力资源战略是有关人

---

① Wright，McManhan.Theoretical Perspectives For Strategic Human Resource Management.［J］.Journal of Manangement，1992，18（2）：295-320.
② 沃克.人力资源战略（中译本）［M］.吴雯芳，译.北京：中国人民大学出版社，2004.
③ 赵曙明.人力资源开发与管理［M］.北京：高等教育出版社，2018.

51

力资源系统和措施的决策模式[①]。2007 年，赵曙明和程德俊认为，人力资源战略是企业根据内外环境分析，确定企业目标，从而制定出企业的人力资源管理目标，进而通过各种人力资源管理职能活动来实现企业目标和人力资源目标的过程[②]。其中，赵曙明和程德俊对人力资源战略的描述，目前多被国内学者接受。

综上所述，结合国内外学者的研究，可以将人力资源战略的内涵总结为以下几个要点：人力资源战略是以企业战略为指导的、人力资源战略要围绕人力资源管理的指导思想和目标、人力资源战略的实施是通过人力资源各项职能活动进行的、人力资源战略是支撑企业经营战略落地的。因此，我们不难总结出，人力资源战略是通过企业经营战略的指导，围绕人力资源管理的指导思想和目标，通过人力资源的各项职能活动，实现人力资源管理目标，支撑企业经营战略落地的过程。

二、人力资源战略的分类

人力资源战略是经营战略下的一项非常重要的职能战略，它需要以经营战略为依据，同时又对经营战略的实施效果有着直接的影响。人力资源战略在不同的维度下，通常可以划分为不同的类型，在此总结了最为常见的四种划分方式。

①基于企业对员工的管理理念，将人力资源战略可分为累积型战略、效用型战略和协助型战略三种。累积型战略主要用长远眼光看待人力资源，注重培训、潜能开发等；效用型战略主要用短期眼光看待人力资源，录用高技能、少培训的员工；协助型战略介于以上两者之间，员工个人不仅具备高技能，企业更要重视相关培训。

②根据企业的变革程度，将人力资源战略分为家长式战略、发展式战略、任务式战略和转型式战略四种。家长式战略主要应用于少变革、求稳定的企业，发展式战略适用于循序渐进变革的企业，任务式战略适用于局部变革的企业，转型式战略适用于全面变革的企业。

③根据关注重点不同将人力资源战略分为利用战略、聚集战略、促进战略和投资战略四种。利用战略是指怎么利用好每一个人；聚集战略是通过现有人员进行人才的积累；促进战略是企业对个人的投资促进员工成长；投资战略是企业投资员工，并抱有高期望。

④基于人力资源战略重点的不同，将人力资源战略分为吸引战略、投资战

① 张德.人力资源开发与管理［M］.北京：清华大学出版社，2016.
② 赵曙明.人力资源战略与规划［M］.北京：中国人民大学出版社，2017.

略和参与战略三种。吸引战略注重通过高薪、高福利等举措吸引人才；投资战略注重多招人，形成人才库，投资员工；参与战略注重员工自主权，有决策参与机会。

综上所述，根据不同的维度，人力资源战略可以划分为多种类别。同时，由于不同的企业有着不同的经营情况，面临着不同的内外部环境，有着不同的组织目标，因此，企业必须结合自身的实际情况，选择最适合的人力资源战略。

三、人力资源战略模式的构建

根据人力资源战略开发过程和路径的不同，人力资源战略模式初步可以分为由内而外模式和由外而内模式。

（一）由内而外的人力资源战略模式构建

由内而外的人力资源战略模式是从企业内部关注点出发，以企业现有的人力资源状况为出发点，以企业战略和绩效目标为导向，制定人力资源战略。一般以平衡记分卡模式，从财务、客户、内部流程、学习与成长四个方面来引导员工行为，促进企业短期绩效和长期发展的实现，实现企业绩效管理与人力资源管理的有机结合，是效果最好、最典型的人力资源战略模式。平衡计分卡人力资源战略模式如图 3-1 所示。

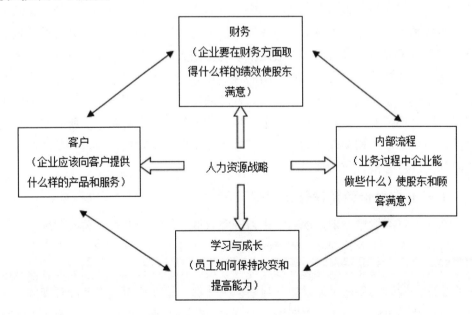

图 3-1　平衡计分卡人力资源战略模式

（二）由外而内的人力资源战略模式构建

由外而内的人力资源战略模式主要关注企业战略，从战略的位置看待人力资源管理，力求人力资源战略与企业战略需求相匹配，根据企业战略的需要来制定人力资源管理制度和建设人力资源系统，进而帮助企业实现战略目标。

四、人力资源战略的实施步骤

（一）人力资源战略宣贯与培训阶段

各层级管理人员对人力资源战略的理解与充分认同是人力资源战略有效推动的前提条件。人力资源战略在企业战略部门研讨通过后，人力资源部门需要组织全体人力资源体系人员、各单位中高层管理人员召开相关工作会议，会议主题主要围绕人力资源战略制定的核心理念、重要举措、变革重点等进行。各单位人力资源部门需组织有本单位总经理参与的各层级管理人员进行研讨，根据总体人力资源战略进一步沟通、落实人力资源规划重点，切实做到全体管理人员在人力资源战略推动上的思想一致性及对战略规划高度的认可度。

（二）组建人力资源战略实施工作组阶段

在全体管理人员对人力资源战略规划的意识上下统一后，有必要组建人力资源战略实施工作组。人力资源战略实施工作组实行二级管控机制，一级为集团人力资源战略工作组，小组成员包括各级单位人力资源部门负责人、各级单位负责人与领导班子成员以及人力资源战略推动的集团人力资源部门相关责任人。该层级工作组主要负责人力资源战略实施的统筹与管控工作。二级为各单位人力资源战略工作组，小组成员包括本单位人力资源部门员工及各层级管理人员。该层级工作组负责集团人力资源战略规划下各项具体工作的落实与跟进。所有工作组成员涉及小组工作的相关任务均纳入其绩效考核工作约束项指标，由相关层级人力资源部门进行考核。

（三）人力资源管理体系优化阶段

在人力资源战略计划推动前，人力资源获取、培训与开发、薪酬管理、绩效管理等相关人力资源管理体系建设的工作需全面开展。在此基础上，需根据企业人力资源战略、企业发展状况及内外部环境系统化的优化完善人力资源整体管理体系制度。同时，需适时地动态化地根据内外部环境变化对人力资源管理体系制度进行持续的更新与完善，以匹配人力资源战略的调整，保障人力资源管理体系制度符合人力资源战略规划的需要。

（四）人力资源战略计划推动阶段

人力资源战略计划实施前，相关实施主导部门应根据人力资源战略分解目标、制订详细的工作推动计划，并按计划落实到人，随后展开人力资源战略实施工作。在人力资源管理体系阶段性优化完成后，各层级人力资源工作者应牵头组织各层级管理人员，以企业战略目标为导向，根据人力资源战略规划，全面推动人才引进、培训与开发、薪酬与福利管理、绩效管理以及日常劳动关系维护工作，确保人力资源战略目标的实现，最大效用地助力企业战略目标的达成。

五、人力资源战略实施的保障措施

（一）优化人力资源组织机构

面对企业转型迭代、快速发展的需要，企业对人力资源从业人员提出了更高的要求，需要人力资源从业人员能基于企业战略，甚至先于业务部门更快地感知支持未来组织战略发展的人才需求，前瞻性地引导组织的发展，成为组织转型、变革的先导者。

鉴于以上考量，为更好地促进人力资源从业人员意识转变，有效地推动、落实企业的人力资源战略，需先对企业组织机构设置中人力资源部门的定位进行调整。因此，为了更好地体现人力资源部门的定位，将下属各单位人力资源部门独立设定为各单位一级部门，同时补充与之相匹配的人力资源负责人势在必行。独立后的人力资源部门负责人同时接受集团人力资源与下属单位负责人的双重管理，有利于其更好地、战略性地、系统化地制订人力资源战略的规划。

（二）提升人力资源素质能力

1. 人力资源管理观念转变

随着企业的成长发展以及外部管理思维与理念的引入，企业管理人员在人力资源管理意识上发生了较大的转变。但部分管理人员仍缺乏规范的企业运作管理经验，在人力资源管理上多奉行"拿来主义"，在用人上更多选择符合岗位要求的"成熟"人才，存在不少觉得"外来的和尚好念经""合适就用、不合则退"的现象。大部分管理人员缺乏对人才系统的管理与培养意识、理念与方法，加之缺乏对内部人才系统性的管理与培养等，目前部分企业依然更多地寄希望于引入外部人才来解决企业内部经营管理方面存在的问题。

随着新业态、新产业的兴起以及人口老龄化与人才供给的发展，外部用工环境日趋严峻，尤其是针对复合型高层次管理、技术人才的"争夺战"愈演愈烈。

因此，要想满足企业战略对于人才的需求，企业管理人员必须转变用人管理理念、统一思想，坚持"以内部培养为主，外部引入为辅"的用人政策。

要全面、快速地转变管理人员内部用人理念，不仅需要高层领导者大力宣传贯彻还需要人力资源部门在结合内外部人才供给现状的基础上充分沟通，予以引导。同时，企业还需加大内部人才培养力度、引领各层级管理人员做好员工职业生涯规划，拓展内部选拔平台、进一步深化用人机制，在此基础上还需将内部人才培养纳入管理人员晋升与绩效考核范畴，系统性地引导各层级管理人员人力资源管理观念的深入转变。

2.人力资源专业团队素质提升

企业要想转变内部人力资源管理理念，需要大幅提升内部人力资源管理队伍能力。人力资源管理队伍的素质能力水平在很大程度上决定了企业整体人力资源管理水平。与此同时，良好的人力资源管理团队的建设亦是人力资源战略目标达成的前提条件。鉴于企业人力资源管理队伍专业能力有所欠缺的现状，一方面需要适时引入 1 ～ 2 名专业能力强、经验丰富的人才，另一方面需要加强内部人力资源从业人员对企业内部业务的深入了解，帮助其科学规划个人职业生涯，同时针对性地对相关人员进行多渠道的专项专业能力提升培训，力求通过多方位的团队建设举措来打造一支综合素质高、专业能力强，且结构合理的人力资源管理团队。

（三）完善人力资源管理体系

完善人力资源管理体系的体现不局限于将传统的人事部门变更为人力资源部门，而是人力资源管理体系的构建应以推动企业发展战略实现为主要目的，建立与企业发展战略兼容的人力资源管理体系，推动企业发展战略的实现。人力资源管理体系的建设不仅仅只涉及人力资源部门，还需要其他部门（包括生产部门、营销部门、管理部门等）积极参与。与以往人事管理不同，人力资源战略在企业发展战略中发挥至关重要的作用，尤其是在人力资源战略的实施过程中，至少有四个角色需要人力资源管理者来扮演或者承担。首先是扮演战略合作伙伴，为企业出谋划策，直接参与企业的战略决策，可以更好地把人力资源规划和方案等融入企业战略及企业相关的经营活动行为中。其次是扮演顾问，这个角色需要人力资源管理者充分发挥个人的专业知识和水平来研究企业的人力资源情况，为解决企业内部存在的疑难杂症提供力所能及的咨询服务，从而不断实现人力资源健康发展及提升人力资源管理效率。然后是扮演"娘家人"，此时人力资源管理者要通过交流、谈话、调研等方式第一时间掌握员工的诉求和要求等，不断提高员工对于企业的满意度和忠诚度。最后是扮演拥护变化的人，在这个角色中，人力资源管理者通过组织变更和参与创新，被赋予更多的组织变更功能，在收购合并、组织解雇、商业流程重组等改革中，实现人力资源管理，从而促进组织变化过程与人力资源管理的深度融合，进而不断优化企业内部人力资源管理体系。

（四）专设人力资源专项资金预算

人力资源战略的推动实施涉及大量人工成本及管理费用的投入。如人力资源管理工作开展过程中的人才引进渠道开发、人员数量增加、薪酬结构调整与目标奖励的明确发放、培训项目的实施、企业文化活动的开展、外部咨询费用、信息系统建设等。在以往的人力资源多个项目工作推动中，由于企业阶段性的业务发展迟缓、财务资金调配失衡等多方面问题，经常出现因为无法调拨资金而项目中途搁浅的情况。随着后续企业业务提升、大量前期投资性项目投产运行，资金状况逐步好转。但为确保人力资源战略规划各项工作能精细化推动、按计划开展，企业仍需设立专项的人力资源投入资金预算，实行专款专用。

1. 专项资金预算

人力资源部门每年应根据企业年度经营规划、年度人力资源规划编制年度人工成本预算，从员工工资总额、社会保险费用、住房公积金费用、福利费用、员工教育费用、工会经费、招聘解聘费用、劳动保护费用等方面全方位考量。由财务部门设立专人负责人力资源专项资金的调拨与管控。

2. 专项资金调拨

人工成本中法定性、政策性支出，如员工劳动报酬、社会保险费用、公积金以及因解除或终止员工劳动关系的经济补偿、赔偿金等必须按时（合同协议约定）支付。同时，在保障企业各项经营活动正常进行的情况下，优先划拨人工成本中其他非法定性支出专项预算资金，保障人力资源管理各项工作的顺利开展。

3. 独立台账管理

财务部门指定的人力资源专项资金管理专员应就人力资源专项资金建立独立的管理台账，以便对人力资源专项资金进行有效、及时的调拨与管理。

（五）构建人力资源信息系统

为提高企业人力资源工作效率与专业能力，在人力资源信息管理系统建设方面的投入势必需要大幅度增加，以此来保障人力资源战略规划的有效推动。

1. 组建工作小组

企业信息管理部门需协同人力资源部门共同组建人力资源信息管理系统组建项目工作小组。工作小组成员还应包括相关管理人员。

2. 选定合作供应商

项目工作小组在充分结合企业人力资源信息管理系统及实际管控需求的基础上，选定合适的供应商。在选择供应商时，应充分考量其资质、市场美誉度与知名度以及同类企业人力资源信息管理系统开发经验。

3. 内部需求调研

项目工作小组需协同信息管理系统开发商派驻的工作人员对企业人力资源信息管理系统建设进行需求调研，确定人力资源信息管理系统的主要开发方向。

4. 信息系统建设

在对企业内部人力资源管理需求充分调研、分析的基础上，协助相关人员进行人力资源信息管理系统的开发与设计。

5. 信息系统调试

在人力资源信息管理系统开发完成后，应明确试运行阶段及范围，及时对运行过程中出现的问题进行处理与解决。

6. 信息系统运行与升级

在人力资源信息管理系统局部试运行结束后，将稳定的人力资源信息管理系统投入运行。在运行过程中，不断根据企业发展情况与规划及人力资源运营管理需求对人力资源信息管理系统进行升级。

（六）发挥企业文化凝聚作用

当企业逐步扩大，企业要想在竞争激烈的市场环境中占得先机，实现跨越式发展，势必要高度重视企业文化为组织带来的持续影响力与牵引力。在企业发展中心专门设置企业文化小组来组织进行企业文化的构建与管理工作。但从目前企业文化各项工作的开展情况来看，大部分工作仍偏于表象，虽已外显于形，但实则未能内化于心。要想构建适用企业发展阶段、获得员工认同的企业文化，人力资源部门需协同企业发展中心更加注重企业文化的提炼与推广导入。

1. 企业文化提炼

部分企业经历了多次业务重新定向与转型，同时由于业务扩张所导致的企业原有企业文化不断被稀释，加之外部环境的不断变化，原有的企业文化目前所获得的认同度也在逐步降低。因此，后续应根据企业的外部环境、发展阶段以及内部业务、人才的变化重新进行企业文化的提炼，以匹配企业战略。在企业文化的提炼过程中，企业文化必须与"创新""合作共赢"等核心理念紧密结合，同时引导全体员工共同参与并认同。

2.文化推广导入

企业文化的关键价值在于通过工作实践中形成的共同意识、价值理念、工作使命、职业道德以及行为规范准则来对组织内员工的工作行为产生深刻的影响与引导。企业文化的落地不仅仅通过对具有导向意义的团建活动以及表象的符号、标杆故事等进行提炼，还需要更多在企业经营管理系统原则、管理机制与流程、领导力与员工能力标准、行为规范与准则、组织机构、绩效考核标准、操作与制度、业务战略规划与制定中予以导入推广，来不断强化员工思维，最终达到让文化内化于心以获得员工真正认可的目的。

第二节　人力资源规划

一、人力资源规划概述

（一）人力资源规划的定义

人力资源规划分为广义和狭义两种类型。广义概念为企业范围内所有同人力资源相关的内容均放置于规划中，并逐条实施执行。狭义概念则依托企业战略规划，并结合一定时间段内的发展现状，对人力资源供需进行预测，并将其稳定在平衡状态。人力资源规划以狭义概念为基础，就其具体含义可归纳为以下三点：第一，人力资源供需预测是开展人力资源规划工作的核心和重点，并以此为基准制订相应举措；第二，企业战略是制订人力资源规划的前提和基础，在具体实务中得到充分体现；第三，预测作为本质要求，需遵循实事求是的原则，并根据实际情况实时调整。

一般而言，人力资源规划根据时间长短分为短期（1年）、中长期（1～5年）和长期（5年以上）三类。若企业对员工群体素质并未做过多要求，且劳动市场存在许多适配的劳动力时，适用短期人力资源规划；若企业对人才需求较高，市场无法提供有效的劳动力，企业环境相对稳定时，适用中长期或长期的人力资源规划。

（二）人力资源规划的过程

人力资源规划的过程可以分为若干环节，归纳起来可以分为以下六个环节。

第一，人力资源信息的收集。这是人力资源规划的第一个环节，也是非常重要的环节，信息的准确与否与能否成功开展人力资源规划有很大的关系。

第二，人力资源现状分析。在收集到信息之后，需要对组织现有的人力资源情况做出正确的分析和适当的评估。

第三，人力资源供给与需求预测。这是人力资源规划的重要环节，要从发展的角度分别对人力资源的需求与供给情况进行预测。

第四，人力资源对策组合。在预测了人力资源的需求与供给情况之后，根据预测结果制订平衡措施，保证组织内部人力资源的供需平衡。

第五，人力资源规划的实施与监督。在制订平衡措施后，加以实施并监督。这也是人力资源规划的实施过程。

第六，人力资源规划的评价与修订。这是为实施下一阶段的规划进行的反馈与纠偏。评价结果将进入下一阶段的规划。

（三）人力资源规划的内容

人力资源规划有不同的划分标准，一般来说可以从时间上和范围上进行划分。

从时间上来划分，人力资源规划可以分成短期规划、中长期规划和长期规划。

从范围上来划分，人力资源规划可以分为人力资源总规划和人力资源业务规划。人力资源总规划是对人力资源管理中人力资源净需求、人力资源配置、人力资源其他模块的业务安排及人力资源资金预算等方面的规划，它来源于企业战略，对业务规划进行指导。人力资源业务规划则是为了能够实现人力资源总规划而制订的包括人员补充和流动计划、退休解聘计划、职业生涯规划、培训开发计划、薪酬激励计划等方面的规划。

1.人员补充和流动计划

人员补充和流动计划是根据组织战略及内外部环境变化预测需要新增岗位或者人员需要进行补充时，通过制定岗位任职资格，并根据岗位任职资格确定人力资源标准，明确人力资源来源，通过招聘、调岗、培训等方式对目标岗位人员进行补充，主要目标是补充人力资源数量、提高人员质量以及优化组织人员结构，最终达到提高组织总体绩效的效果。

2.退休解聘计划

退休解聘计划是根据组织未来发展，需要调整组织架构或者组织内人员出现盈余时，通过计划性地让能力不达标的人员和已达到退休标准的员工离开组织，达到降低人力资源成本、优化组织人员结构的目的。

3.职业生涯规划

职业生涯规划是依据组织内部职务体系以及员工晋升相关政策，结合员工个人发展意愿，通过了解员工各方面的能力素质，为不同员工制订相应发展规划。一个完善的职业生涯规划能够激发员工活力、提高员工忠诚度，从而促进组织整体绩效水平提升。

4.培训开发计划

培训开发计划是在组织快速发展或者战略转型期，当预测到员工能力无法满足未来组织发展需求时，通过战略分解提炼出组织未来发展的关键成功要素，并根据关键成功要素总结出相应知识、能力、素质要求，并以此来开发出对应的培训课程，制订具体的培训实施方案。

5.薪酬激励计划

薪酬激励计划是根据员工工作绩效提供奖励的一种激励计划，包含个人激励和团队激励。从组织角度来说，为了达到组织目标，组织需要鼓励员工朝着组织所期望的目标进行努力，让个人努力与自身和组织利益相关联，来帮助组织达到目标。科学的薪酬激励计划可以提高员工积极性和团队凝聚力，可以有效提高员工个人绩效水平，从而达到组织绩效的整体提升。

（四）人力资源规划的方法

1.人力资源环境分析方法

人力资源规划必须科学分析所面临的环境，明确环境因素如何影响人力资源的发展，才可以让环境因素起到有利作用，防止环境因素对管理活动造成干扰。因此，开展人力资源环境分析很有必要。人力资源环境分析的方法有很多种，常用的方法主要包括以下三个。

（1）PEST分析法

PEST分析法作为一种企业外部宏观环境分析的常用方法，具体涉及分析政治法律（Politics）、经济（Economy）、社会（Society）以及技术（Technology）等四个方面。政治法律主要指法律法规、国际政策等的影响，经济主要包括经济周期、货币政策、利率等经济因素，社会主要包括人口数量级变化、地理分布以及社会文化和价值观等，技术则指技术转化的速度等。基于 PEST 分析法，企业能直观地了解到自身当前所处环境、发展的潜力、运营的方向以及市场的成长与衰退，从总体上把握宏观环境，帮助企业更好地预测未来的情况。通过 PEST 分析，有利于企业系统地把握外部环境，找到影响企业人力资源的关键因素，帮助企业更好地把握未来发展方向，进而采取相应的措施。

（2）SWOT 分析法

S（Strengths）对应优势，W（Weaknesses）对应劣势，O（Opportunities）对应机会、T（Threats）对应威胁。就企业竞争战略的完整概念而言，在战略中明确划分了企业的机会与威胁，将企业的优、劣势完全呈现给管理者，进而制订更加可靠的发展方案。该方法主要是分析了企业的内部环境和所处的市场环境，分析出企业在竞争中的优势和不足，进而根据不同的情况制订出不同的应对措施。通过 SWOT 分析，有助于企业在市场竞争中找准自己所处的位置，并制定合理的经营目标。

（3）波特的竞争环境五因素分析法

某个行业的经营状况，主要是受竞争对手的威胁、潜在竞争对手的威胁、用户的议价能力、供应商的议价能力以及替代品的威胁五个方面的影响。竞争对手的威胁主要指处于同一市场的竞争者的实力、提供的产品以及退出壁垒等；潜在竞争对手的威胁主要是指市场上可能会产生的竞争对手，这与企业所处的行业以及提供的产品有着极大的关系，越是产品生产难度大、难以进入的行业，其潜在竞争对手就越少；用户的议价能力主要针对产品的购买者，它与客户对产品信息的把握、产品的市场化程度以及集中化等相关；供应商的议价能力取决于市场上替代品的多少、服务或产品的独特性、服务或产品的重要性等；替代品的威胁则主要取决于替代的程度、替代品的价格以及用户的转换费用等。对上述五个方面的分析，有利于企业充分了解所面临的行业环境，从而更好地在人力资源管理上做出调整，以适应发展需要。

2. 需求预测方法

一般情况下采取定性预测法以及定量预测法来开展人力资源需求预测。定性预测需要管理人员具备一定的预测能力，要有大量的定量数据对管理人员的主观判断提供支持。德尔菲法、管理者经验法、零基预测法等都是用得比较多的定性预测方法，线性回归预测模型、类推预测法、基数叠加预测法则是主要的定量预测法。这里重点介绍管理者经验法和线性回归预测模型。

（1）管理者经验法

企业到底需要什么样的人才，将其体现到对新职位、新员工的要求中去，而每位部门的管理者则是最了解本部门人员需求的，基于这样的推理，管理者经验法往往运用到人力资源需求的预测中。该方法从企业的最低层开始，逐渐向上，预测人力资源需求，最后汇总得出总的需求。该方法一般通过询问和发现的方式来开展，询问的问题一般包括所需要的新职位、是否需补充职位、现有职位的变化、预期的人力闲置以及计划工作的波动等。

（2）线性回归预测模型

线性回归预测模型以时间序列作为预测模型。线性回归模型包括时间序列预测模型、一元性回归预测模型和多元性回归预测模型。如果预测对象与某一变量是直线趋势的关系，一般建立一元线性回归预测模型。

3.供给预测方法

人力资源供给预测方法主要分为企业内部人力资源供给预测方法与企业外部人力资源供给预测方法。

（1）企业内部人力资源供给预测方法

企业内部人力资源供给预测方法一般采用马尔科夫法。马尔科夫法就是通过对事物的具体情况进行研究与分析，明确状态间发生的转移概率情况，确定未来的发展变化，进行科学合理的预测。该方法研究企业历史数据，从而对未来一段时间内企业的发展变化做出预测，根据掌握的历史数据，先是计算出每一个岗位向另一级别的平移概率，根据平移概率再建立一个人员变动矩阵，再依据人员变动矩阵进行内部供给人数预测。

（2）企业外部人力资源供给预测方法

企业外部人力资源供给预测方法主要包括因素预测法和市场调查预测法。因素预测法是借助调查统计能够对劳动力市场供给产生影响的各项因素，分析不同因素对于市场变化的影响程度，从而分析出未来一定时期内的变化规律。市场调查预测法主要是企业的人力资源管理措施必须符合市场的实际情况，这要求企业随时关注市场上劳动力供给和需求的变化，并根据企业的实际情况及时调整自身的战略。

（五）人力资源规划的意义

1.有利于企业发展规划的制订和战略目标的实现

在企业发展战略中，人力资源规划占据重要地位，为实现企业发展目标保驾护航。企业的发展必须依靠每一名员工的努力工作去实现，因此合理化调整员工的结构、数量和质量决定着企业未来发展的走向。企业应准确摸排员工群体现状、未来阶段人岗需求等，并对此做出准确判断，从而在制订人力资源规划时能准确把握方向，对内部管理机制有一定掌控微调的能力，将人力资源规划同企业发展规划相适配，为保障企业战略目标的实现夯实人力资源基础。

2. 有利于企业人力资源管理工作平稳有序

人力资源规划的核心在于对未来的预测，通过进行合理规划，提前预估人员情况，并做好对人岗适配微调的各项准备，在问题真正发生时可以做到从容不迫，确保企业人力资源管理工作开展得高效有序。

3. 有利于充分调动员工工作积极性

在实现战略目标的路上必定机遇和挑战并存，因此企业应当重视员工的个人需求，对相关人员进行充分的教育培训，明确个人成长路径，让员工看到成长的渠道和成果，从而激发其内心的工作热情，将创造力、凝聚力运用于实际工作中。

4. 有效控制人资成本

市场是企业间没有硝烟的战场，竞争日趋激烈，可想而知，在人力资源规划方案落实前若能充分考虑人力成本，无疑为方案的可靠性平添筹码，企业人力资源成本的降低使得利润增加，并通过实时调整企业架构、编制需求等，实现人员团队长期处于最优化配置的状态，助力企业的健康稳步发展。

二、人力资源规划的基本理论

（一）人岗匹配理论

对人岗匹配理论最直白的理解就是人的能力与岗位要求相互匹配。"相互匹配"包含两个条件，即人的能力既不能低于岗位要求，也不能过分高于岗位要求。当今企业用人单位大部分都聚焦于前者，往往忽视了后者。企业所选之人能力欠缺，无法胜任岗位要求，显然会损害企业绩效，所以人力资源部门会在简历筛查或面试时就把这一部分求职者拒之门外。但对于那些职业素养、专业能力远超所在岗位要求的人才，企业却未必会对其做出升职加薪或调到更为合适的工作岗位的安排，因为这样做就意味着企业必须支付更高的用人成本或者需花费更多的精力来寻找替代者。但大材小用的后果会直接导致人才无法在岗位上施展拳脚，且其接受的薪酬福利也低于自身能力所得，这种情况下往往会导致人才流失，于企业而言所造成的损失往往要高于对其升职加薪需要多支付的那一部分报酬，更遑论还有寻找替代人才的成本及对应的培训支出。

人岗匹配是人力资源部、用人单位、人才本身三方努力的结果。将合适的人安排在合适的岗位，对能力稍微欠缺的员工加以培养，对人岗不匹配的员工进行换岗，这些是人力资源部和用人单位可做出的改善。对个人而言，承认自身不足、主动接受培训、努力提升自身技能也是员工自我成长道路上应具备的觉悟。

（二）胜任力模型

构建基于胜任力模型的人力资源管理体系，对组织内部管理者的甄别、培训、评价和激励制度的有效性都是有提升作用的。常见的用于胜任力模型分析的是冰山模型。学者和企业管理者普遍认为，在面试时，求职者的技能和知识是浮在冰山上易于被人们识别出来的，但个人的价值观、自我定位、需求、动机和人格特质，这些是隐藏在水下的冰山主体，难以在短时间之内被有效甄别。于是有学者就创建了 STAR 法，用于考察求职者在特定工作情境下（Situation）所担任的角色、承接的任务（Task），以及对方是如何执行这一任务（Action），最终达到了怎样的效果（Result）。胜任力是可以被测量或者计数的，并且能够显著区分优秀绩效和一般绩效的个体特征。胜任力模型是指承担某一特定角色所应具备的胜任力特征要素结构。

对绩效优秀和绩效一般的员工进行研究和分析，找出二者的差别，再将这些差异要素代入对应岗位中，构建相对应的胜任力特征要素结构，这已经成为建立胜任力模型的一般做法。

（三）供需平衡理论

人力资源供需平衡是指供给与需求在数量、质量、结构上匹配，任何一方面的不协调都可以视作人力资源的供需不平衡。大部分关于人力资源平衡的分析也都是从这几个方面展开的。人力资源的供需不平衡一般有两种体现，即供不应求和供过于求。

在企业发展的历程当中，人力资源不会自然就处于供需平衡的状态，我们进行人力资源规划的目的就是实现人才的供需平衡。

三、人力资源规划的影响因素

（一）外部环境因素

人力资源规划的外部环境因素主要包括劳动力市场因素、地域因素等。

首先，人力资源规划需要考虑劳动力市场因素。企业所面对的不是一个单一的劳动力市场，而是一些范围广阔的相互分割的劳动力市场。这些市场的供求条件差别悬殊，因此在制订具体的人力资源规划方案时必须深思熟虑。

其次，地域因素主要体现在人才引进环节。各地工资待遇处于稳步提升的状态，但沿海及国内一线城市对人才的留任具有较大吸引力。因此，在制订人力资源规划时，也需慎重考虑地域这一重要因素。

（二）内部环境因素

人力资源规划的内部环境因素主要包括以下两个内容：一是横向因素，即企业内部环境现状；二是纵向因素，即企业发展至今，各个成长阶段的影响。

第一，企业制订合理科学的人力资源规划必须充分考虑其内部现状的影响。企业目标、政策、企业文化、管理层人员模式、普通职工群体以及工会等都是重要的内部因素，这些因素对人力资源规划的制订均发挥着细致入微的作用。

第二，企业的不同成长阶段所应用的人力资源规划必然不尽相同，侧重点、关注点均存在明显的偏差。一是拓展时期，市场开拓型人才以及技术过硬的专业人才是人力资源规划的重点筹谋对象。鉴于是初步发展的企业，因此建立何种企业文化，奉行何种企业理念也是该阶段内具体思忖的内容。二是快速扩张时期，人才逐渐偏向技术型和管理型，注重人企关系的处理和搭建，将适合企业发展的薪酬管理制度开始落于实践。三是稳定成长期，企业度过前期发展阶段后，其规模以及生产经营模式均处于较为固定的状态，此时的人力资源规划工作重心倾向于教培工作的开展以及晋升渠道的拓宽。四是衰退期，处于该阶段的企业往往利润、生存状态均不佳，因此减员裁员是企业人事的常规操作，在确保核心人员留任的基础上需要裁减部分冗余职工。

四、人力资源规划工作程序

人力资源规划的特点需要涉及的要素很多，需要对企业现有的人力资源现状进行调研分析，结合多重影响因素对人力资源供需进行预测，从而制订出既有针对性，又具有较高操作性的人资策略方案。因此，拟定了以下规划流程。

①企业内外部环境分析。人力资源环境分析是企业制定人力资源战略、进行人力资源规划的基础。从长期来看，对企业人力资源现状进行分析，可帮助应对企业发展路上遇到的机遇与挑战，为企业的发展提供人力资源支撑和保障。这便是人力资源规划的第一步。

②人力资源存量分析。立足于人力资源调查分析现状，紧密结合企业战略规划的确定目标以及所处的市场环境等要素。同时对企业内部人力资源现状、所遇到的问题等综合情况进行摸排与了解。上述综合情况一般为企业人事框架结构、人员基本信息、队伍素养、工作业绩、职业规划等。

③人力资源的供需预测及供需平衡分析。人力资源供需预测主要预测数量、时间段、成本高低等，且该预测工作需紧密结合战略规划目标、市场环境以及人力资源现状等要素。需求预测虽看似简单，但其中关系错综复杂，因此若想得到较为准确的预测结果，需对企业生产经营现状采用合理的方式进行具体分析，这也为后期制订人力资源规划奠定了基础。

④在招聘任用、培训、职业规划、薪酬绩效等领域具体措施的制订与实施。人力资源规划处于制订阶段时，目标和原则是其制订的准则和方向，供需预测结果及分析则是其必要环节，具体措施以及改善详述则是人力资源计划不断微调的依据，在此过程中，需要足够重视人力资源相关信息，无论是人岗适配计划、教培计划、薪酬考核制订，还是各项考核管理办法，都需要以翔实、科学的人力资源规划为蓝本，从而指导企业人事工作又好又快开展，推动各项工作稳步高效进行。

⑤人力资源规划的评价与控制。定期应对人力资源规划进行测评反馈，其目的是确保人力资源规划所要实现的成果和事先确定的人力资源规划的预期目标相互吻合，从而成功实施人力资源规划战略。因此，人力资源规划在具体实施阶段中，反馈沟通渠道的建立是必由之路，在实践中检验人力资源规划是否科学、合理，进而开展调整工作。此外，将供需预测结果同计划进行比对，使双方处于相对平等稳定的状态中。若在实务中发现规划同实际情况有相悖之处，则应及时调整。

五、战略性人力资源规划设计

（一）战略性人力资源规划的定义

国外学者对战略性人力资源规划定义的研究归纳起来有以下几种代表性表述。

勒温（Lewin）和米歇尔（Mitchell）在1995年指出，人力资源战略规划就是通过人力资源战略与企业战略的协调，帮助企业提升内部组织优势，进而达成战略构想，提升竞争优势。

詹姆斯·W.沃克（James W. Walker）注意并总结了20世纪90年代的人力资源规划与人力资源战略的融合趋势。

路易斯·R.戈麦斯-梅希亚（Luis R. Gomez-Mejia）等人认为战略性人力资源规划是一项由组织围绕人力资源而展开的一系列战略性活动的总称，它展现了制定人力资源战略和制订实施这些战略的规划、战术的全过程[①]。

国内理论界在战略性人力资源规划定义方面也有众多表述。

彭剑峰认为，战略性人力资源规划是基于企业战略的角度对人力资源管理相关问题进行全覆盖且长期性整体规划的一套系统方法[②]。

李毅认为，战略性人力资源规划具有战略性、前瞻性和目标性，也体现着组织的战略发展需求，其实质是组织为实现其目标而制订的一种人力资源战略规划[③]。

杨百寅等人认为，战略性人力资源规划就是企业为了适应内外部环境变化，实施发展战略，并实现战略目标而自发开展的一项筹谋未来人力资源供需平衡的系统工程，并且整个过程是科学可行的[④]。

可以看出，战略性人力资源规划是对组织中的人力资源从战略上加以规划和管理的运行机制，是实现企业战略的重要基础。通过这套机制的有效运行，可以帮助企业相对准确地预测未来可能出现人员供需失衡的时间点、人员冗余或缺口、具体的人员要求，并基于目标制订出具有可操作性的具体行动措施及相应的跟踪和评价体系，从而构建出一个完整的规划系统，帮助企业有层次地搭建起满足发展战略所需的人才梯队。

综合上述国内外各位学者专家的观点，战略性人力资源规划就是以服务组织战略目标达成为最终目的，基于组织不同时期的战略构想，通过科学的手段对人力资源需求和供给进行预测，并通过适宜的政策和措施配置与之相匹配的人力资源的一系列体系化动态管理活动。

（二）战略性人力资源规划的原则

企业在制订战略性人力资源规划时，必须严格遵守以下原则。

① 李俊霞.战略人力资源管理［M］.天津：天津大学出版社，2019.
② 彭剑锋.人力资源管理概论［M］.上海：复旦大学出版社，2018.
③ 李毅.人力资源规划方法研究［J］.散装水泥，2007（2）：67-69.
④ 杨百寅，韩翼.战略人力资源管理［M］.北京：清华大学出版社，2012.

1. 全面性原则

企业通常在极为重要的层面上才会思考谋划战略性人力资源规划，因此，在制订战略性人力资源规划方面必须发挥全面的关键作用。企业的战略性人力资源规划必须考虑到企业内部不同部门之间的人员管理情况，以及整体发展和培训情况，以便企业能够从总体战略中制订全面的战略性人力资源规划。

2. 战略性原则

进行企业人力资源的工作是为了达到企业在市场上的总体发展战略目标。因此，在制订适当的战略性人力资源规划时，企业必须有战略和长期的愿景，并在未来有远见和适应发展性。

3. 动态性原则

在管理理论中，动力学原理主要适用于管理过程中的人、金钱、商品、信息和时间。它们都在特定的时间和空间中，随着时间和空间的运动、发展，也会发生相应的变化。作为管理理论的一个分支，人力资源战略的管理和规划也是一个充满变化的问题。这就需要将战略性人力资源规划定义为执行人力资源战略规划的动态管理过程。

4. 科学性原则

在当代科技竞赛中，科学性原则在各个行业的各个方面都得到了推广。因此，必须充分关注企业的发展和战略性人力资源规划的人才管理和培训的客观情况，以便能够促进企业在使用先进科学、技术和知识方面的发展。根据市场形势和需求，重点发展企业的战略发展规划。

（三）战略性人力资源规划的内容

战略性人力资源规划内容包括两部分：一是分析与确认企业在不同的战略发展时期，在人力资源数量、人力资源能力、人力资源管理效率以及人力资源管理制度等各方面所存在的缺口；二是基于企业战略，找出填补这些缺口的系统性管理方法并加以实施。

（四）战略性人力资源规划的意义

与一般人力资源规划的意义不同，战略性人力资源规划的定位明显被拔高，它是以企业战略发展需求为导向，提前筹谋未来企业需要什么样的人力资源来支撑企业最高管理层实现所确定的战略目标。其主要宗旨是将数量恰当、胜任素质合适的个体在适当的时间通过合适的岗位满足企业的需求，实现企业人力资源的最佳配置和动态平衡。

而事实上，由于企业所处的环境在不断变化，企业的发展战略也会随之改变，故企业人力资源实现配置最佳、维持动态平衡是一种十分理想的状态，在现实中难以实现。企业战略性人力资源规划的意义体现在以下四方面：一是反映其前瞻性与预见性，将人力资源供给与企业发展战略对人力资源需求之间的差异控制在尽可能小的范围内，为企业的未来做好准备；二是通过逐步优化人员配置以减少人力资源现状与未来愿景之间的差距，保证企业在缺员时能够获得合适的人选；三是通过鼓励直线管理者的积极参与，以达成共同契约，保持统一的价值观；四是最大限度地开发和利用企业内部的人力资源，提升员工胜任素质，并有效激励员工，不断提高企业在人力资源和人力资源管理方面的竞争优势。

（五）战略性人力资源规划的总过程

战略性人力资源规划的总过程如图 3-2 所示。

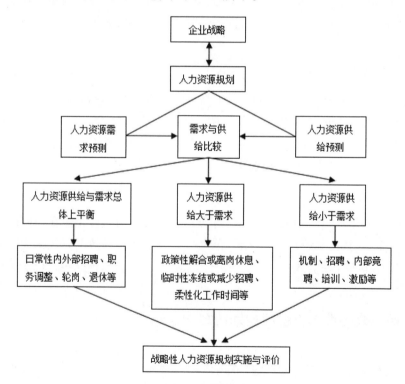

图 3-2　战略性人力资源规划的总过程

1. 人力资源需求和供给预测

人力资源预测主要包括人力资源需求预测和人力资源供给预测两方面，其基本目标是对组织内部的某些领域中未来可能会出现劳动力短缺或劳动力过剩情况的预测。劳动力需求和供给预测完成后，对两方面数据进行比较，确定未来某个版块可能出现劳动力短缺或过剩的情况，从而精准施策。

2. 人力资源政策制定

①当企业人力资源供给小于需求时，应该采取弥补人力资源缺口的措施。

当人力资源供给小于需求时可采取的平衡措施及选用优先级如表3-1所示。

表3-1　人力资源供给小于需求的平衡措施及选用优先级

序号	对应措施	选用优先级
1	开展职位分析和岗位设计，调整工作职责	首选
2	培训一些企业内部人员，使他们能胜任人员短缺但又很重要的岗位上去	首选
3	建立机制促进员工提高工作效率和工作质量	首选
4	结合实际情况适当延长工作时间，并给予相应的待遇	首选
5	定期性的工时定额分析、修正	谨慎运用
6	适当聘用一些兼职人员或临时的全职人员，并建立转正机制	谨慎运用
7	适当聘用一些正式员工	谨慎运用
8	实施技术改造，添置智能化程度高的新设备，用新技术来减少人员的需求	不宜轻易使用
9	采用资源外包，即把一些工作外包给其他公司	不宜轻易使用
10	适当减少工作量（或产量、销量等）	不宜轻易使用

表3-1中，第1～4项措施属于企业内部挖掘潜力，虽然也要增加一些成本，但相对代价较低，有利于企业的长期发展，是企业首选的政策；第5～7项措施属于中策，当内部挖掘已充分时，可以运用，但也要谨慎；第8～10项措施属于较消极的政策，不仅代价大，而且不利于企业的发展，企业不宜轻易使用。

②当企业人力资源供给大于需求时，应该采取克服人力资源多余的措施。

当人力资源供给大于需求时可采取的平衡措施及选用优先级如表3-2所示。

表 3-2　人力资源供给大于需求的平衡措施及选用优先级

序号	对应措施	选用优先级
1	扩大有效业务量，如提高销量，提高产品质量，改进服务等	首选
2	通过培训来提高部分员工的素质、技能和知识，帮助他们走上新的工作岗位	首选
3	冻结或减少外部招聘	中策，常用
4	根据任务忙闲柔性化员工的工作时间	中策，常用
5	政策性的解除劳动合同	中策，常用
6	政策性的离岗休息和提前退休制度	中策，常用
7	解聘社会化用工、返聘用工和通过"红线管理"解聘违规人员	不宜轻易使用
8	适当或临时关闭一些子公司	不宜轻易使用

表 3-2 中，第 1～2 项措施相当积极的，但许多企业不一定能做到，这是对企业的一种挑战，可以把人员富余危机当作一次企业发展的机会；第 3～6 项措施属于中策，但企业中运用最多，也较易起作用；第 7～8 项措施是十分消极的，尤其是在国有企业，涉及人员的辞退是很复杂的，但在紧急关头也不得不用，因为这种"痛其十指不如断其一指"的做法可以帮助企业及时止血，渡过难关，以利于以后发展。

3. 战略性人力资源规划的组成

每个企业的战略不同，战略性人力资源规划也各不相同，但战略性人力资源规划总体上应包括总体规划（目标原则、现状分析、未来供给需求预测）、具体举措（人员招聘、人才储备、员工培训与开发、员工薪酬激励、员工绩效考核、员工关系、员工退休解聘）和保障措施等。

4. 战略性人力资源规划的动态调整

企业外部环境会受到影响从而导致战略性人力资源规划发生改变，因此企业应根据战略发展的实际情况，在企业生命周期的创业期、成长期、成熟期、衰落期等不同阶段对人力资源规划进行动态调整。

第四章 人力资源配置管理

随着经济的不断发展和社会的进步，人力资源被置于推进经济发展的众多资源的首位。针对人力资源配置管理方面存在的问题，企业需要建立起相关的人力资源配置机制及与之相配套的流动管理体系，来实现企业人力资源的优化配置，从而更有效地发挥人力资源在企业管理中的重要作用。本章分为人力资源配置管理战略概述、人力资源配置方式分析、人力资源流动管理战略三部分。

第一节 人力资源配置管理战略概述

一、人力资源配置概述

（一）人力资源配置概念的界定

人力资源配置就是指在具体的组织或企业中，为了提高工作效率和实现人力资源的最优化而实行对组织或企业的人力资源的科学、合理的配置。

人力资源配置优化的根本目的是更好地运用"人力"。"人力"是指人的劳动力，"人"作为一种能动性的资源体现在"人力"中。人力资源配置就是要合理而充分地利用好体力、智力、知识力、创造力和技能等方面的能力，通过一定的途径，创造良好的环境，与物质资源有效结合，以产生最大的经济效益和社会效益。因此，如何使人力资源的配置达到优化从而保证上述目标的实现，不仅是人力资源管理学的问题，也是一个社会经济学的问题。

企业的人力资源配置是指企业对人力资源进行合理有效的配置，使其更好地发挥个人能力，形成良好的工作团队，从而给企业带来更高的效益，为企业带来更高的回报。企业中其他资源的组合、运用都需要靠人力资源来推动。但是，一个企业仅有人力资源的简单组合是不够的，必须对人力资源进行合理、有效的配置。企业人力资源配置效益的高低直接影响企业其他资源的合理利用和整体配置效益，它是决定企业能否持续、稳定、快速发展的关键因素。

人力资源的资源性是就人体本身所蕴含的各种可开发利用的能力及潜能而言的。人的潜能是以人身为直接载体的，而人的自主意识又对人的潜能的发挥起着直接控制作用。人力资源配置的优化就是要促使人的自主意识能自觉地控制和调动其自身潜能作用的发挥，为社会经济发展所用，变成一种社会生产力。人力资源虽然是包含在人体内的一种生产能力，但如果人力资源配置的结果不能使这种能力发挥出来，则人力资源便只是潜在的劳动生产力。如果通过合理的配置人力资源与生产资料有效地结合，生产能力得到充分发挥，则此时的人力资源就变成了现实的劳动生产力，就能创造出巨大的经济效益和社会财富。

（二）人力资源配置的相关理论

1.员工流动决策模型

员工流动决策模型是由美国学者罗纳德·伊兰伯格（Ronald G. Ehrenberg）提出的，他从劳动经济学的研究视角出发，把组织内部员工的流转看作一个资本活动。尽管工作的变动可能会使员工以往积聚的人脉等资源受到巨大损失，但作为一个资本活动，其降低成本的支出却可以获得远超生产成本之上的巨大利润。伊兰伯格指出，员工流动决策模型成立的前提是组织和员工都拥有经济人思维。员工流动决策需要考虑员工流动带来的收益增减以及流动员工本身的心理影响情况。如果员工流动产生的潜在收益会大于员工流动带来的成本增加，或者员工对流动本身比较排斥、存在抗拒心理，那么，无论是从组织的角度而言，还是从员工发展的角度而言，员工流动决策都不应该得到执行。反之，组织可以通过合理的岗位设置、条件引导等方式，提高员工流动的收益、降低员工流动的成本，那么，在此种情况下，员工都可以以经济人的思维做出合理的决定。

员工流动决策模型从理性经济人的角度阐释了员工流动的机理，不仅考虑到组织的发展需求，更关注员工本身的心理变化和影响；从成本收益的角度提出岗位设计、优化和岗位待遇等层面的制度设计；从人性化的角度指导员工积极或主动地选择岗位调整方式，为进一步研究人力资源配置提供了重要支撑。

2. 库克曲线理论

美国学者库克（Kuck）站在怎样有效培养人的创新能力的高度，阐述了组织中人才流动的重要性，并给出了人的创新能力周期曲线，即库克曲线。库克还指出，和一般人的生命周期类似，员工的创造力也具有生命周期，一般而言，员工在进入团队之后的前一年半，其创造力经历了迅速成长期，在之后的一年内为员工工作积极性和创造性的峰值时期。入职一年后的员工由于技能的娴熟、环境的熟悉、内容的上手，开始步入岗位黄金期。但是，由于岗位疲劳期的客观存在，长期不进行岗位调整的员工较为容易进入工作效率的衰退期。因此，库克认为，实现人岗匹配还需要进行岗位调整，让员工保持新鲜感和活力，也是调动员工创造力的重要方式。

根据库克曲线理论，企业在进行人力资源优化配置时，需要考虑员工的岗位调整，这就会实现人岗匹配与员工流动决策模型的研究不谋而合。一旦员工进入岗位疲劳期，其工作热情和创造力就会进入衰退期，那么企业为了避免员工工作衰退期的出现，需要对员工岗位进行调整以及规划其未来职业晋升的发展道路。通过调整岗位工作，企业能够提供员工新的工作环境，不同的工作任务有利于刺激员工对工作的热情，从而唤起员工的创造力，最终推动企业人力资源配置效果的实现。

3. 勒温场论

勒温场论是基于美国心理学家库尔特·勒温（Kurt Lewin）的"场"理论所延伸出来的管理学理论。勒温认为员工为组织创造出来的效益，不仅受到其自身能力素质的影响，更与其工作环境等软条件有很大的关系。假如个人的工作岗位考核是 B，个人的能力和要求是 P，而个人所在的工作环境是 E（个人的"场"），那么 B 是 P、E 之间的关系函数，即 $B=(P, E)$。

例如，在生活服务型企业中，一位性格比较内向且不善于与人交往的人被分派到了客服岗，安排其主要负责针对业主的日常投诉办理服务工作。那么，根据人力资源的现实状况，其中人力资源配置就有可能被认为该员工正处于不理想的职业环境，与"人岗匹配"的初衷就出现了偏离。人岗不匹配影响的不仅是员工个人的职业发展，还会影响到组织整体运营的效率。如果组织的工作环境等软环境会阻碍人力资源效能的有效发挥，那么员工就会容易产生负面情绪，出现考虑离职等负面问题。没有任何一个组织会在人员频繁进进出出的高离职率中保持高效运营。所以，企业有必要对人岗匹配、岗位考核等制度进行重新规划，合理计划与安排员工的工作，进行人力资源优化配置。

4.人岗匹配理论

人岗匹配理论是对人力资源进行有效配置和合理使用的基础。岗位的职责与员工个体特征相匹配是人岗匹配的基础。岗位报酬与员工需要、动机相匹配激励员工行为是人岗匹配的关键。

人岗匹配理论注重的是人和岗位的对应关系。每一个工作岗位都对任职者的素质有各种各样不同方面的要求。只有当任职者具有多于这些要求的素质并达到规定的水平时，才能最好地胜任这项工作，进而获得最大的绩效，从而实现组织和企业的高绩效产出。人岗匹配是一种双重匹配，岗位要求与人的知识、技能、能力相匹配，工作报酬与人的工作动机相匹配。

人岗匹配理论遵照的原则是"岗得其人""人适其岗"，根据不同个体间不同的素质将不同的人安排在各自最合适的岗位上，从而做到"人尽其才，物尽其用"。企业与个人是一个利益共同体，企业是个人职业生涯的舞台，为岗位挑选合适的人。人适合干什么，就尽量安排他到适合的岗位，充分发挥他的才能。只有这样，人才能在舞台上尽心表演，舞台才会精彩。

人岗匹配理论一方面对就业者个人的职业发展有莫大的好处，另一方面对企业而言，这个理论的操作方法把人才的作用最大化了，企业也会得到相应的回报，企业和个人才能实现真正的双赢。实现人岗匹配的途径主要有三个，具体阐述如下。

一是清晰界定岗位描述。在岗位分析的基础上，按照岗位工作流程和工作内容进行工作描述，这是企业进行人力资源管理的基础性文件，在企业人力资源配置的过程中至关重要。

二是定义"胜任力"标准。所谓"胜任力"，就是指决定员工胜任某一岗位并能够产生高绩效的个人特质总和，它包括了六个维度，即知识、技能、社会角色、自我认知、品质和动机。正确的选人方式应该是以"胜任力"为标准考虑人的能力素质与岗位任职要求是否匹配。

三是寻求有效的评价方法。在确认岗位"胜任力"之后，通过人机测评、情景模拟、结构化面试等评价技术的综合应用，对照胜任能力标准，对竞聘者的知识水平、能力结构、工作技能、职业倾向、发展潜能进行逐项测量和评价，并参考心理测评结果、以往业绩表现等，综合测定应聘者能力特征与岗位"胜任力"

标准的匹配度，在此基础上预测其未来的业绩表现，从而在短时间内对人形成较为准确的评价。

在人岗匹配的过程中也要注重施行动态性原则，不断对人才和岗位之间的匹配进行调整和动态调节。这样有助于大大提高人岗匹配率，人力资本的使用效率也会大幅度上升。

5. 人力资源配置管理基本理论

人力资源配置管理基本理论主要包含四部分内容，一是人力资本理论，二是适配理论，三是劳动力供求理论，四是帕累托理论。

人力资本理论最早是由美国经济学家西奥多·舒尔茨（Thodore W. Schults）和加里·贝克尔（Gary S. Becker）提出的。这个理论认为劳动者所拥有和使用的各种技能、所掌握的知识所表现出来的能力构成了人力资本。这个理论肯定了劳动者自身的价值，是指劳动者通过努力工作，不断在工作和劳动中学习进取，并将日积月累后形成和汲取的信息转化为知识以及将能够被他们熟练应用的各种技能转变成为劳动者的自身价值。这些都是无形的资本。不仅如此，那些可以通过后天的努力所能获得的技能、能力、健康和知识等因素之和也都是人力资本的重要组成部分。学生在缴纳一定的学费或者职场的人员缴纳在一定的培训费之后，通过上课、培训或者不断锻炼获取某种特定的知识或者职业技能，之后因为很好地应用了这个知识或者技能而能获得相应的利润，如工资。在这种情况下，之前所缴纳的学费或者培训费用，也可以称为人力资本。

雷蒙德·迈尔斯（Raymond E. Miles）和查尔斯·斯诺（Charles C. Snow）教授在他们的著作《组织战略、结构和方法》里率先提出了适配理论。适配理论是指企业的组织形式不仅与企业的政策、行业、市场环境有关，也与企业的愿景、使命、目标有关，但归根结底还是要看企业如何应对市场的竞争。简而言之，就是企业的人力资源配置要和企业的战略相辅相成，企业的人力资源配置应该和企业的业绩呈现一种正相关的关系。也就是说，人力资源配置程度越先进，企业的业绩也就越高。同时，从适配的字眼来看，这个理论也包含企业人力资源的配置方法，即找到和企业战略发展最匹配和最合适的人。这个理论经过了很多学者的深入研究和引申，最后提出了人力资源配置和企业战略是一个相辅相成、互相依托、互补长短的关系。这个理论是建立在战略性人力资源的理论基础上的。

劳动力供求理论主要侧重的是劳动力的补充，也就是企业人才的招聘和获取。每一个人力资源个体都是一个劳动力主体。在市场上五花八门的劳动力中，包含有应往届毕业生、下岗待业人员、在职人员、复原或者转业的军人等。对于企业来说，在考虑招聘成本最低、对组织熟悉程度最高以及与企业文化最契合等多方面指标的基础上，从内部获取劳动力资源的优点要多于外部供给。但是内部供给只有在保持不变的内循环的情况下才可以一直得以维持。随着企业的发展总会有人离职，或者随着企业业务的扩大和市场的拓展，总要考虑从外部获取劳动力，以弥补内部劳动力的短缺。人才的招聘对企业总是重中之重。

帕累托法是一个人们耳熟能详的基本定律，是指最优质的资源往往集中在最少数的人群手中，这是经济学中一个非常重要的原则。在人力资源配置的研究中，这个概念主要是指在资源和人群都完全不变、没有任何外部环境变化的情况下，重新对资源进行分配，让每一个人力资源都能在最适合他的岗位上工作，做到人岗最佳匹配，物尽其用、人尽其才，对于人力资源的配置运用帕累托法最优。

（三）人力资源配置的基本原则

人力资源配置过程中应遵循以下四个基本原则。

1. 内部为主原则

通常情况下，企业用人，尤其是用高端人才时，总是感觉捉襟见肘，埋怨没有足够的人才资源。事实上"千里马常有，而伯乐不常有"，人才是需要培养、开发和储备的。因此，需要遵循以内部为主的原则，即企业要在内部建立起人才资源的培养开发机制以及留才的激励机制。从内部培养开发人才，给有能力的人提供机遇与挑战的平台，在企业内部营造比学赶超及激励的气氛，才能推动企业健康稳定的发展。一个成功的企业一定是会吸引、留住并利用好那些能够为其带来巨大利益的优秀人才的企业。然而，这不意味着绝不引进企业所需的外部人才。当确实需要从外部招聘人才时，也要做到灵活变通，及时调整策略。

2. 能级对应原则

能级对应原则认为没有无能力的人，每个人的能力都会随着自己的努力而变化，表现出不同的"能级"。这一原则是对企业组织和企业层次结构的相互协调，从而为人力资源开发、利用和管理提供的理论依据。人才层次结构在不同的组织中会因为个体组织的特殊条件而有差别，但其人力资源的能级结构始终呈一个三角形，操作性人才位于三角形的最下端，经营性人才位于三角形的中间位置，而战略性人才则处于三角形的顶部。各层级的人员配置是否合理，决定了各部门的组织工作能否顺利、正常运作。众所周知，不同阶层的人在素质和知识层面上可能存在差别，但在知识结构和技能层面上，他们又有各自的优势。所以，企业在进行人力资源管理时，不仅要考虑人才素质与能力层次的差别，更要重视人才的知识结构和特定的偏好。

3. 优势定位原则

人的能力发展是不平衡的，其个性也是多样化的。每个人都有自己的长处和短处，有其总体的能级水准，同时也有自己的专业特长及工作爱好。优势定位原则主要体现在两个方面：一方面是指人自身应根据自己的优势和岗位的要求，选择最有利于发挥自己优势的岗位；另一方面是指管理者也应据此将人安置到最有利于发挥其优势的岗位上。

这个原则被人力资源管理部门引用的原因就是申明人人都有用处，将能用的人才放到适当的地方。这就给企业的人力资源分配提出了一个新的要求，在分配工作时，不能一味地采取淘汰的方法，而是要把合适的人才放到最适合的岗位上，把他们的长处都充分利用起来。

人力资源部和企业管理者应为员工提供最佳的工作环境，把人才变成一种资源。每个通过招聘进来的员工都是很有价值的，也是符合企业需求的。企业管理者必须把每一个人都管好用好。而且，作为一个企业的成员，要意识到自己是团队的一部分，要充分发挥自己的优势，选择合适的岗位，从而在工作中实现更高的自我价值。

4. 动态调节原则

动态调节原则是指当人员或岗位要求发生变化的时候，要适时地对人员配备进行调整，以保证始终使合适的人在合适的岗位上工作。岗位或岗位要求是在不断变化的，人也是在不断变化的，人对岗位的适应也有一个实践与认识的过程，由于种种原因，能级不对应、用非所长等情形时常发生。因此，如果搞一次定位，一职定终身，既会影响工作又不利于人的成长。能级对应、优势定位只有在不断调整的动态过程中才能实现。

可以说，人力资源的配置是需要根据实际情况的变化以及员工和外在环境的需求来进行合理安排和科学调整的。人员的进出都要灵活规范，人员的流动也要科学合理，从而建立一个良性循环。总的来讲，遵循动态调节原则，可以避免出现人才被不当使用的现象，从而导致人才浪费。

（四）人力资源配置的要素分析

1. 数量配置分析

人与工作的数量配置是指人的配置数量与工作量相对应，即工作量多则对应配置的人数多，工作量少则对应配置的人数少。数量关系配置的合理与否直接影响到一个企业的生存和发展。然而这种数量关系不是一成不变的，它是随着企业的经营发展和政策调整而波动的。因此在一定时期内，如果一个企业所需的人力资源不能满足其需要的话，就会导致该企业出现严重的人荒现象，反之则可能导致人员过剩现象。这种情况出现时，就需要对企业内部进行调整，以解决企业人力供给与需求之间的矛盾。当人员短缺的时候，企业要首先考虑对有结余的岗位进行内部调节，其优点不仅在于风险低、费用低，更重要的是能让员工有盼头，有助于形成企业和员工双赢的良好局面。另外，还可通过对外引进、实施借调、任务外包等方式解决人员短缺问题。当人员出现过剩时，可采取内部转岗培训、减少工作时间、遣散临时及劳务派遣员工、实施弹性工作制等方法逐步实现闲置人员的减少。

2. 结构配置分析

工作的内容、性质等是多元化的，应根据工作的特点去任用能胜任或有相关专业特长的人。企业内进行人员配置的最优结果就是把现有人员按照特长进行分类然后将其配置到能发挥他们优势的岗位上，只有这样才能让员工得以发展，才能让组织产生绩效，最终达到双赢的目的。

3. 质量配置分析

工作有容易和困难、烦琐和简单的区别，人的能力也有高低的区别。人与工作的质量配置是指应根据工作岗位的特点、难易和繁简程度及其所需的任职资格，选拔和任用具有相应能力水平的人，尽量避免出现高才低用、高成本浪费等现象。人与工作质量不匹配包含两种情况，一是现有人员素质低于现任岗位的要求，对此可采取职业培训、降职降薪、岗位调整等举措；二是现有人员素质高于现任岗位要求，对此应采取升职加薪的调整措施。

（五）人力资源配置的目标分析

企业要实现其战略发展目标，说到底就是在其产品或服务适应市场需要，有较好发展前景的条件下，解决在产出水平一定的情况下，如何使成本最小化的问题，或者说在成本一定的情况下，如何使效益最大化的问题。因为只有在企业产品或服务成本低于市场平均成本，经济效益较好的条件下，企业才具有较强的竞争力，才能发展壮大。优化人力资源配置是降低成本、提升效益的有效途径。所以，企业人力资源战略配置管理的目标是，使合适的人干合适的事，人事相配，做到人尽其能、能尽其用、用尽其事、事尽其效。也就是说，使人力资源配置能从根本上促进员工与职位、员工与员工、团队与团队的协调配合，通过人力资源配置，发挥员工的主观能动性，在合理的人力资源规模条件下，取得最大的经济效益，从而实现企业战略发展目标。

战略管理者在配置人力资源的时候，应该最大限度地提高人力资源的使用效益。人力资源配置的战略管理目标具体表现为以下四个方面。

一是人适其事。企业通过合理安排员工职位，为员工特长发挥创造条件。企业人力资源战略管理职能部门应对员工的特长、个性做深入的了解，针对其特点安排相应的工作，使每个人都有适合自己能力及特长的岗位和具体工作。从人力资源管理的角度看，导致国内的一些企业经济效益低下的原因是多方面的，但其中一个很重要的原因，就是企业缺乏战略管理的观念，不懂得或不愿意实行人本管理，在人力资源配置上仍然存在着随意性，员工专业不对口、能力得不到发挥的现象随处可见。

二是事得其人。企业的每个职位和每项工作，都找到技能特点与之相匹配的员工来承担，人事对等，责任明确。一方面，企业人力资源战略配置者应了解员工；另一方面，应该明确职位的特点及眼前与未来的要求，只有对职位要求的现状和未来的发展有清楚的认识，才能将适合的员工配置到相应的职位上。

三是人尽其才。企业在人力资源配置过程中，要了解员工的要求，尊重员工选择，与员工充分沟通，使人力资源配置真正做到人适其事，事得其人。只有在充分沟通的环境中，员工的技能特点和个性才能充分展现出来。尊重员工的选择则是企业充分调动员工的积极性，使员工的能力得到完全发挥的基本条件，也是提高经济效益，实现企业战略发展目标的客观需要。

四是事尽其功。企业做好人力资源配置战略管理各个环节的工作，或者说，通过人力资源配置战略管理，获得在现有条件下人力资源配置的最好效果。要做到事尽其功，需要做好人力资源配置中各个环节的协调配合，如果从单一工作环节看都不错，但各环节的协调配合跟不上，就可能造成各环节工作效果的相互抵消，最终降低人力资源配置的整体效果。

（六）人力资源配置的内容和作用

1.人力资源配置的内容

从人力资源配置的定义可以看出，企业的人力资源配置是以人力资源内涵和外延开发为依托，将企业员工安排到不同职位的过程。

如果战略管理者能够按照各类人力资源的特点，将他们配置到相应的职位上使其与其他资源协调配合，就能为各类人力资源实现"人尽其才，人才尽用"创造必要的条件。如果企业将各类人力资源错位配置，员工的才干就很难充分发挥，甚至会对企业战略发展目标的实现带来负面效应。所以，企业人力资源配置的内容，就是将其员工按照不同的素质和技能，安排到不同的职位上去。

2.人力资源配置的作用

归纳起来，人力资源配置有以下几个方面的作用。

第一，人力资源配置为组织目标实现提供保证。由于组织面临的外部环境、内部环境以及组织的目标任务都在发生变化，因此，企业内工作职位、职务的数目和结构以及其对人员的要求也必须不断地变化。只有通过有效的人力资源配置，企业的每一个岗位、每一个职位上才能有一流的人员在工作，才能保证组织适应这些变化，维持组织的正常运转和推动组织的发展壮大，保证组织目标的实现。

第二，人力资源配置是"人尽其才"的手段。由于员工个体的差异，员工个人的才能各异，各有所长，也各有所短，只有根据员工的特长将其安排到最合适的岗位上，才能扬长避短，充分发挥其潜能。

第三，人力资源配置是激励员工的重要途径。有效的人力资源配置，使员工从事自己喜欢的工作，充分发挥自己的特长，有利于调动员工的工作积极性，挖掘员工的潜能。

二、人力资源配置管理战略的关键性问题

要实现有效的企业人力资源配置管理战略，必须正确回答以下问题：企业要完成某项工作需要配置多少员工，人力资源的配置是不是一劳永逸的，员工从事某一项工作是否时间越久效率越高，企业如何看待员工的流动，等等。归纳起来，就是说企业在进行人力资源配置时要重视规模问题和时序问题。

第二节 人力资源配置方式分析

一、人力资源优化配置方案的设计

（一）方案设计的目标

企业根据"提质增效"的发展策略，应坚持以人为本的企业管理理念，遵循内部为主原则、能级对应原则、优势定位原则、动态调节原则，建立符合企业发展阶段的人岗匹配模式和体系，给出人力资源优化配置方案，使得人尽其才、人岗匹配，有效控制人力成本，进一步盘活人力资源，激发组织活力，建立起一支梯队结构相对合理的高素质人才队伍，促进员工工作效率的提高，增强企业的组织向心力和凝聚力，从而提高企业运作效率，为企业高质量发展提供坚强的人力资源保障。

（二）配置优化模型构建

对于企业的发展而言，其绩效水平必须实现可持续的提升。企业绩效提升主要依赖于两方面：一方面是企业生产效率提升，企业经营效益持续提高；另一方面是员工生活质量得到改善，员工工作满意度不断提升，这就构成了人岗匹配基本模型，如图 4-1 所示。

随着员工工作经验的不断积累、工作能力的不断提高等，部分员工在现岗位上可能无法充分发挥能力创造价值，所以可以向更高的职能职务发起挑战，而且也存在部分之前无法达到岗位要求的员工已具备了相关岗位胜任力，当然也有原来适岗人员因为心态、身体变化无法胜任现岗位的现象，因此人岗匹配模型并不是一成不变的，为了不影响员工的积极性、主动性，最大限度地保证人岗匹配，在人岗匹配基本模型的基础上搭建了基于能力和岗位的人岗匹配动态模型，如图 4-2 所示。

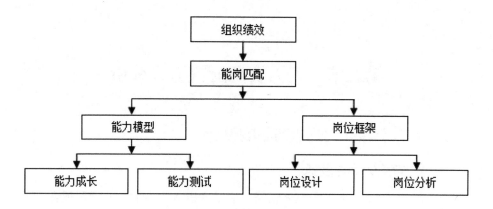

图 4-1　人岗匹配基本模型

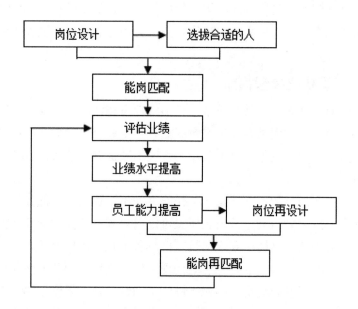

图 4-2　基于能力和岗位的人岗匹配动态模型

此外，在任何一个企业的成长过程中，其发展战略都是需要不断进行调整的，这样才能使企业不断地适应所处的环境状况。因此，企业组织架构、岗位设置也要随之进行调整，岗位再设计后，对部分不适岗的员工要及时调整，以保障人岗匹配。

基于人岗匹配理论定岗、知人、适配三部曲，在国内学者研究的基础上结合企业的人力资源配置现状，为有效解决存在的问题，可以依据内部为主、能级对应、优势定位、动态调节的原则提出相应的人力资源优化配置模型，如图4-3所示。

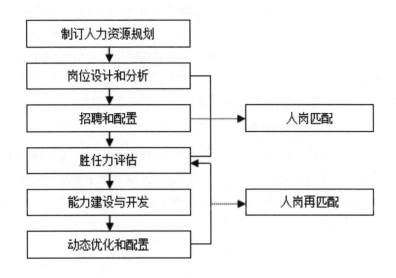

图4-3　企业人力资源优化配置模型

二、人力资源配置方式优化与实践策略

（一）优化岗位设置及岗位职责

岗位设置在人力资源配置中有着非常重要的地位，只有合理的岗位设置才能真正助力于企业的快速发展，合情合理的岗位设置是人力资源有效配置最基本的前提。优化岗位设置不仅要科学研究各个岗位和职责的合理性，还要依据企业不同时期的人力资源战略规划对岗位设置做出相对应的调整，使其符合时代的发展。智能化发展使得当前企业的组织机构和岗位数量都在进一步优化和减少，传统的操作岗位逐渐减少，与之相反，以客户服务为重点的营销岗位却在逐年增加。企业要解决二线部门人员冗余问题，可以从以下两方面进行岗位的具体优化。

第一，重新梳理二线部门的岗位设置，了解二线部门每个岗位的职责和任职条件，对二线部门岗位进行合理的梳理并定员。对带有重复性质或人员冗余的部门岗位进行适当的整合和删减，给每个岗位制订明确的岗位规范和岗位说明书。

对于那些实际工作与岗位职责已不相符的岗位，进行适当删减，将多出来的人员调整到其他有需求的岗位上。综合考虑在岗员工的素质和综合能力，对不同岗位的人员配置进行梳理并根据实际需求进行合理调整，将二线部门冗余的人员调整到一线基层岗位，以达到人力资源效益最大化。

第二，增设符合时代发展的岗位，如组建专项拓展的外拓营销团队，明确外拓营销团队的岗位职责，分担网点营销压力等。在科技不断发展的情况下，到店客户会越来越少。针对到店客户少、营销难度增加的情况，应组建用于专项拓展的团队。利用大数据平台，配合智能机具和互联网新产品，负责市场的细分和对客户行为进行分析，实现精准化外拓营销。

（二）建立人岗匹配机制

人员和岗位的合理匹配是人力资源优化配置的核心。如果人员能力低于岗位要求，员工无法胜任目前的岗位工作，工作效率以及工作质量都会降低。但是如果人员能力远远地超过现阶段岗位的要求，那对于人才资源来说，也是一种浪费。部分企业的管理层对人岗匹配不重视，在人力资源配置中缺乏动态调整，使得人员和岗位无法达到最优配置。企业在人力资源配置问题的实际解决中，要根据人力资源配置的能级对应原则，采取行之有效的人岗匹配策略，可以从以下三个方面进行具体的优化。

一是做好人员和岗位的基础匹配。主要可以从人员资质和人员能力两方面进行匹配。首先是进行人员资质匹配。对于那些在岗却没有与岗位要求相匹配的资质的员工，企业要对其进行名单式的管理，并将名单分配到相对应的专业部门，由专业部门重点负责。部门负责人应对这些人员进行逐一帮扶，帮助其在规定时间内取得相关资质。这样做能够确保在岗的员工都能拥有与其所任岗位相对应的资质，实现人员资质匹配。其次是进行人员能力匹配，企业应该对于每个岗位所需要有的专业能力进行一定的分析和判断，将岗位所需要的专业能力和岗位在职员工进行匹配，如果员工已不具备该岗位所需要的能力，可对其进行培训提高其专业能力，如果培训后仍达不到专业水平，可考虑将其调至其他岗位。

二是要完善竞争淘汰机制，做好动态调整。企业内部要积极推行岗位竞聘制度，健全公开选拔和竞争上岗的用人机制，在企业内部形成一种不拘一格发掘和选拔人才的氛围。对于在平时工作中表现突出、专业能力和综合素质都极高的员工应给予机会往更高的岗位竞岗，鼓励其不断提升自身的能力。要建立科学合理的绩效考评制度。要将其作为淘汰制度的依据，用以淘汰绩效不佳的员工。对于在考核中排名靠后的员工，可以扣除部分奖金给予负激励；对于长时间在考核中处于倒数位置且综合素质和专业能力未能达到岗位要求的员工，优先考虑转岗，以调岗转岗的方式退出原岗位，由更合适的人员补充上去；对于能力素质确实达不到岗位要求、工作态度又不端正的员工，应该在考核中实行末位淘汰制，进行调岗或免职。

三是适当增加人力资源配置的智能化。在企业的人力资源配置过程中，人员配置和晋升等大部分工作都是靠管理层的主观性判断，对于人力资源的科学性分析较少，可以将人工智能技术应用到人力资源配置中，利用智能系统对员工的工作表现、专业水平、综合素质和工作绩效进行完整的记录，形成员工画像。利用信息化技术判断工作岗位的特性将其与员工画像进行智能化的匹配，这样能够增强人岗匹配的科学性。

（三）制订科学的培训管理计划

培训是提升员工职业技能和专业素养最直接的方式，培训主要是通过多元化的培训方式来进行不同内容的培养和训练，使员工能够更好地熟悉自身的工作内容和流程，掌握更多的工作技巧，让其能够更好地完成自身的工作。培训的最终目的是提高现有的工作效率，增加人岗匹配度。虽然一些企业在智能化发展的背景下，对于员工的培训已经增加了网络大学、网络会议平台和直播平台等多种线上培训渠道，但是在实际的培训过程中，依然存在培训趋于形式化和培训效果不佳的问题。针对现阶段培训管理出现的这两个问题，企业可以从制订更加科学的培训管理计划的角度进行优化和完善。

一是要增加科学细致的培训需求分析。企业在制订培训计划前，一定要通过征求在岗位工作的员工意见，实际体验每个岗位的职业要求来确定培训的内容和计划，执行不同的培训项目。在制订培训计划的时候不能过于盲目和随意，例如，对银行中从柜员转岗成为客服经理的员工，要加强其岗位职能、营销技巧与岗位技能等方面的内容学习，帮助他们快速上手，胜任客服经理的工作；对以营销为主的客户经理，则要重点加强岗位专业技能、资格证书等方面的培训，提升客户经理的综合能力素质，使得他们在客户市场上更具有竞争力。企业要针对不同的岗位要求设立不同的培训计划，使培训能够更加有效地助力人力资源质量的提升，使人员素质能够更好地与岗位要求进行匹配。

二是企业要重视培训过程管理和实际效果。针对培训时间不恰当导致培训流于形式化的问题，企业要对培训工作开展监督与评价，定期回报培训评估表，合理安排培训的时间，通过报表反映培训效果等情况，由各个专业部门负责人对本专业的培训工作进行绩效评估，找出此次培训工作存在的问题，不断优化培训项目，防止出现为培训而培训、培训效果不佳的形式化培训。

三是要丰富培训内容，增加符合智能化发展背景的培训内容。目前，大多数企业的培训内容都是以业务培训为主，在智能化发展的背景下，在原有业务培训的基础上，要以智能化和大数据为依托，增加智能化建设、线上服务与营销等符合新时代背景的培训内容，培养员工的互联网思维和技能，增加员工在专业知识方面的储备，让员工往复合型人才的方向发展。

（四）构建容错纠错机制

构建容错纠错机制保护改革成果。容错纠错，是指对于企业管理者在促进发展、改革创新、保持发展稳定局面的过程中，没有达到预期目标或者存在偏差过失，且不触犯有关法律规定和政府条款，勤勉尽职、未谋取私利，不做负面评估，而进行纠偏更正，免除相应责任或者从宽减轻处罚。此外，还涉及为了提高企业活力与竞争力，通过严格的决策程序，在制度调整和改革创新过程中积极作为、大胆探索、先行先试，虽由于管理经验的不足未能取得预期效益而导致经济损失，但对存在的问题、错误及时采取适当措施，努力减少影响、挽回损失的企业人员。

关于企业在人力资源配置优化改革过程中的探索，可能会导致失败和试错的结果。此时，企业应该制订相应的容错纠错机制，保护"敢为人先"的干部和改革性较强的政策，为改革者"撑腰"，为敢担当者"撑腰"。要给分管人力资源等具体工作的领导班子提供一种比较宽松的改革创新环境，以减少干部在人事工作上不能得罪人、不敢做出评价、不能干事、怕因改革结果而让领导不满的恐慌心态，为干部解除改革创新的后顾之忧，减少干部应对人事改革中出现的新问题拖延不前，对解决困难的意愿不够等问题。

（五）推动职位体系的优化完善

为建立高效的人力资源配置管理体系，保留企业核心关键人才和建立合理的人才储备，通过对企业人才培养和发展机制的问题进行分析，完善并打通各类人才的职业发展及晋升通道，改革和优化企业现有的职位体系，做到横向到边、纵向到底的全工种覆盖，打通各类人才横向跨类、纵向跨级的各类发展路径，实现一线员工的"将军梦"。

1. 确定新版职位体系

通过对职位横向划分形成职位族、职位序列，对职位族、职位序列纵向划分形成职位通道后，搭建形成合理的职位体系基本框架，并结合行业特点和企业实际的盘点，对各职级的职衔进行设计，横向、纵向关系对照形成相应的职位体系表，建立员工的多通道职业发展通道。新职位体系不仅可以解决现有职位体系存在的问题，也能极大地满足员工职业发展的需求，赋予组织更大的活力，优化企业人力资源配置。

对于新版职位体系而言，其切换实施的原则包括以下几方面。

一是平稳过渡原则。在新旧职位体系切换的过程中，前期要特别做好宣传和培训工作，在获得各部门支持的前提下，实施新职级的套入工作，以确保该项工作能平稳过渡。

二是不影响薪酬原则。新职位体系建立后，通过对各职层人员的薪酬分析，在考虑各职层预留一定的薪酬空间的基础上，设计出与新职位体系相配套的薪点表，在进行职级套入时，主要以明确每个位职在职位序列中的横向、纵向定位，以不改变现有的薪酬为前提。

三是职级结构合理分布原则。所谓的职级结构是各职位序列在每一层级上分布的人员占比。根据职位通道的设计原则，理想的职级结构应呈现较为合理的橄榄形，为此，在进行职级套入时，应以此适当控制各职级的人数及人员比例。

2. 健全职位体系优化的保障机制

（1）组织保障

第一，搭建职位体系管理组织机构。为确保新的职位管理体系能够有效运行，强大的组织保障是前提。只有通过自上而下的组织推行以及监督管理，才能真正发挥职位体系在人才发展中的导向作用。为此，企业应成立职位体系管理评审委员会，由总经理、副总经理和人力资源部经理等人组成。职位体系管理评审委员会下设办公室，负责日常管理工作，办公室工作由人力资源部负责。

第二，明确机构职责。职位体系管理评审委员会职责：主要负责职位体系工作的总体规划及相关制度的审定，批准各职级的任职资格标准与评价结果；对职位体系管理工作中存在的问题进行集体决策等。

职位体系管理评审委员会办公室职责：主要负责职位体系管理工作并组织实施，对企业内各部门职位管理工作进行监督检查及指导，及时受理员工对职位管理制度的咨询与申诉，向职位体系管理评审委员会提供职位体系优化的建议与方案，定期组织实施员工职级评定，等等。

（2）制度保障

为保障职位体系优化方案能顺利实施，还需要根据落地实施的需要，细化各项优化解决措施，并为职位体系制定出系统的、规范的、可操作的制度及工作指引等相关文件。在修订制度及相关工作指引的过程中，要从宏观的角度来统筹制度的各项内容，确保制度内容整体协调统一、无内容冲突。一套完善的职位体系制度和相关配套政策应包含职位体系管理机构的职责，职位序列表，职位序列的定义及相关名词解释，各职位序列相应职级的释义，员工职业发展路径图，任职资格认证的条件及认证程序，职级、职等调整的动态管理及程序等。制度和相应的工作指引投入使用后，需建立反馈和完善机制，以定期对制度内容进行跟踪、修订及完善，确保制度内容能适应企业现阶段的发展。

（3）质量保障

在对企业职位体系进行优化设计时，为了保障新职位体系的整体优化质量，需要在以下三个方面予以保障。

第一，确保职位序列划分全面，职业发展通道清晰。新职位体系在设计职位序列时，需充分考虑企业的业务特征和职位体系的概念及内涵，从宏观到微观层面进行职位族、职位序列的设计，需覆盖企业的各职位子类、职种，从而搭建清晰的职位体系和职业发展通道。

第二，职级、职等、职衔设计利于执行落地。在新职位体系设计中，依据职位体系的基本概念及内涵，清晰设计职级、职等及职衔的对照关系，并且对现有职位体系中职级的等级倒置与市场不接轨等问题进行修正，具体如下。

①新职位体系需结合各职位族的职业特征。根据不同职位族的难易程度、复杂性及工作能力差异性，其对岗位群体的需求也截然不同，根据马斯洛需要层次理论和职业生涯发展理论，为满足不同群体的不同需要，设计不同的职业发展通道和晋升路径，以充分调动员工的工作积极性，激发组织活力。

②职衔与职级对照需清晰，职衔区分度要高。在新职位体系表中，各职位族的职衔设置区分度要高，如工程师是技术序列、专员是专业序列等，并且每一职衔对应的职级是唯一的、明确的，不允许同一职衔存在跨职级的问题，以便在应用中的执行落地。

③新职级划分要更易建立任职资格标准。结合企业现有的职位细化分工，通过对现有的职级优化，降低任职资格标准建立的难度，更易建立各职级跨度的能力差异。

第三，明确工作职责，优化职位配置。为解决现有职位体系中存在的职位职责不清、任职标准缺失及因人设岗等问题，新优化方案中需通过借助工作分析这一工具，对企业的职位职责进行明确，对部分职位进行优化、合并，编写职位说明书，以确保任职标准建设、人员招聘、绩效考核、员工培训等系列人力资源工作的开展，同时也为新职位体系在企业的应用落地奠定良好的基础。

（4）动态管理保障

随着企业的不断发展壮大，企业的发展战略和年度规划也将会不断地调整。职位体系作为支撑企业战略发展的一项重要支撑，也需要随着企业战略的调整而调整，以承接企业战略的落地。职位体系的构建和调整一定是一个动态调整和管理的过程，从企业战略发展出发，结合企业所处的不同发展阶段和采取的不同发展策略，系统考虑职位体系的设计，使其匹配企业战略目标。

在新职位体系的设计中，应考虑到企业现阶段的战略目标，为构建企业的核心竞争力，打造企业的技术创新能力，在职位序列的设计时特别突出技术序列的地位，并将技术序列作为单独的序列呈现出来，未来如果企业的战略发生新的调整变化，就需要将这种调整变化体现到职位体系中，以实时传递企业的战略目标，这也是职位体系促进业务发展的体现。

（5）信息化保障

在科学技术发展如此迅猛的今天，运用信息化技术管理企业，已经成为一种必然趋势，正确运用信息化管理系统，才能在这个竞争日益激烈的市场环境下生存下去，实现企业的可持续和高效率发展。通过信息化的手段，借助信息管理平台，采集职位管理的数据，通过后台统计分析，实时、动态、直观地呈现职位管理相关的数据，并通过数据权限的分级设计，为不同层级的管理者定制化地呈现管理数据，服务于管理者日常的经营管理及高层管理决策。结合企业目前实际的资源情况，以现有的人力资源信息系统平台为基础，由企业信息人员定制开发功能区，帮助企业职位管理初步实现数据的信息化集成，为企业人力资源管理的信息化提升奠定基础。

第三节　人力资源流动管理战略

一、人力资源流动的内涵及相关理论

（一）人力资源流动的内涵及原因

人力资源流动是指劳动力为了获得更高的劳动报酬、提高生活幸福感的追求利益最大化，在地区之间、产业之间、部门之间、就业状态间进行的流动行为。从一个工作岗位或工作地点向另一个工作岗位或工作地点的移动，有时也特指劳动力在劳动力市场上的移动。

人力资源流动这一现象，是随着生产社会化的发展而不断扩大的。产生流动的原因：从微观经济角度看，随着时间的推移，产品的品种和数量、生产的技术和工艺发生变化；从宏观经济角度看，伴随着经济的增长而出现的经济结构（技术结构、产业结构、区域结构、就业结构等）的变动；从个体劳动者角度看，随着时间的推移，劳动者的劳动能力发生变化，劳动者个人的职业兴趣和就业意愿也在发生变化。

（二）人力资源流动的相关理论

人力资源流动的原因是多方面的，国内外众多学者也就此从不同的角度对其进行了研究，并形成了不同的人力资源流动理论。目前，新古典理论、推拉理论、成本收益理论以及新劳动力流动理论等在学术界具有很大影响。

1. 新古典理论

新古典理论拓展了劳动力迁移理论，认为影响劳动力迁移决定的重要因素是追求微观个体的利益最大化。美国经济学家托达罗（Michacl Todaro）是新古典理论的主要代表人之一，他指出理性的迁移者在做出迁移决策时，会考虑可能出现的收入差距，并结合拥有的人力资本和自身的偏好做出最优决策。在此之后，发展中国家在制定劳动力流动迁移政策时，往往将该理论作为参考。

2. 推拉理论

根据推拉理论，劳动力的流动决策是由流出方的排斥力（推力）与流入方的吸引力（拉力）共同决定的。该理论认为收入水平低、生产成本高等消极因素会驱使劳动力离开原来的工作地点，而流入地因就业机会较多、收入水平高等积极因素则会吸引劳动力迁入。

3. 成本收益理论

西奥多·舒尔茨在劳动力流动的微观分析中加入了成本收益理论，他认为教育应该被视为一种投资，教育带来的资本被称为人力资本，人力资本投资的变化可以缩小收入差距。这一理论在假定劳动力是完全理性的基础上，可以充分考虑在不同岗位工作时的成本和收益，并通过比较它们之间的差额来选择是否进行工作流动，其中就包括人力资本的投资成本，即教育费用和人力资本能够获得的收益。实际上，成本收益理论强调的是人力资本的配置效率和劳动力流动时所能获得的经济效用。

4. 新劳动力流动理论

新劳动力流动理论进一步解释了发展中国家劳动力的迁移模式以及影响个体劳动力迁移决策的因素有哪些。该理论认为，劳动力个体在发生流动迁移时，会理性地考虑家庭因素而不仅仅是追求自身利益的最大化。因此，收入差距并不是劳动力流动时唯一需要考虑的因素，家庭成员是否支持、家庭环境的改变等都会成为劳动力在发生流动时需要考虑的因素。因此，从经济利益最大化的角度来看，做出迁移决策的主体不再是传统理论所认为的单个个体，而是整个家庭，劳动力的流动迁移也是一种实现整个家庭利益最大化的经济行为。

二、人力资源流动管理的战略性措施

（一）增强组织的吸引力

1. 营造良好的工作环境和工作氛围

企业应为员工营造良好的工作环境和氛围，树立关注员工个人成长和促进员工与企业共同成长发展的理念，坚持做到以人为本，让员工在企业中感受到归属感，感受到大家庭般的温暖感，让员工与企业形成统一的奋斗目标和发展战略思想，增强员工作为企业一员的主人翁意识，激励员工和企业共同奋斗。这不仅有利于提高员工的忠诚度，同时也有利于提高整体的工作效率，促进企业长远发展。具体来看，可以从下面几个方面着手。

（1）改善办公环境

创造一个好的工作氛围，不仅可以激发员工的积极性，提高员工的工作效率，还可以为企业的发展创造一个良好的形象。改善办公环境，首先要明白办公场所的范围，即包括办公室、会议室、前台、走廊等公共场所。其次办公场所的基本要求是整洁明亮和舒适安全。总体上来看，对办公环境的改善应从以下三个层面推进。

一是要做好办公场所的空间规划，在规划时要注意空间的分隔。二是尽量使办公场所的文件柜、书架、书柜的高度保持一致，使其尽量靠墙、靠脚或靠后，这样既节约了空间，也增添了美感。与此同时，要充分地利用自然光照和保持良好的空气流通。三是对办公场所环境进行净化、美化和优化。企业可以多种一些植物，让员工完成工作后可以欣赏一下花草舒缓一下疲惫。从长远来看，良好的工作氛围可以使员工对企业有更多的认同感，从而提升员工的满意程度。

（2）增强组织关心

企业管理层定期组织内部交流活动，使员工在工作之余能够相互交流，振奋精神，发展友谊。这加强了组织的凝聚力，促进了管理者和员工之间的相互理解，能够及时组织和调动工作，并更好地利用员工的智力。此外，通过工作以外的沟通，员工可以了解管理层的情况，了解其决策风格，改善决策的执行情况，这些都有助于未来的业绩发展。因此，良好的同事关系可以使员工和管理层在未来出现分歧时相互理解、相互支持，有助于在工作和生活中营造良好的合作环境。企业管理者应直接与不同身份的员工见面，及时了解他们的心声，并且帮助其解决困难。按照轻重缓急将员工反映的问题向其上级报告，以便及时制订解决方案，让员工意识到企业的重视和关怀。

（3）提高领导能力

在相关问卷调查中，一些员工反映了部分领导缺乏领导能力。可以说，加强管理层的领导能力有助于降低员工的离职率。一个好的领导者通常能够团结部门的同事，确保部门团结一致，具有强大的凝聚力。决定离开工作岗位的员工通常也要经历激烈的心理斗争，如果员工面临困难并得到同事和领导的关心和支持，他们离开的意愿就会减少。因此，为了解决员工流失率高的问题，企业应注重提高管理人员的领导能力。

2. 设计更科学的薪酬制度

在人力资源管理中薪酬管理占据很重要的一部分，薪酬也是员工在择业的时候考虑最多的一个因素。通过对员工离职的原因进行分析发现，大多数员工都是因为不满现有的工资而离职，因此，应推进更加公平的薪酬制度改革，从工作价值、用工、人力资源等方面科学客观地评价员工的福利和工资。在实践中不断改革，努力构建适合本企业的薪酬体系。在工资制度的建设过程中，企业可以每年重新收集和评价员工资料，综合评价员工技能提升程度、继续教育和专业技术提升程度、工龄、对工作的贡献等，建立工资涨幅标准，对符合加薪条件的员工按制度加薪。除此之外，通过各种指标来衡量工资设置是否公平，包括员工的实际工作效率和雇佣所要求的能力。利用先进的各种技术和工具，不断更新和完善工资体系。根据区域经济变化和人才市场发展状况设定薪酬体系和规则。制定不同等级员工的最低工资和最高工资，以劳动分配为基础，对员工采取适当的激励措施。

3. 构建员工晋升渠道和岗位流动机制

（1）构建员工晋升渠道

根据对部分企业员工的离职原因分析，可以发现目前部分员工对企业内部晋升的渠道和公平公正性是不满的。因此，要构建企业内部员工的晋升渠道，为不同岗位的员工开拓明确的晋升和职业发展渠道，构建公平、公正、透明的渠道，应坚持行政管理中的公平竞争原则，充分尊重员工的努力。同时，企业应重视自身对员工晋升的需求，将空缺职位的信息公开化公布，即在企业内部公布空缺职位。

第一，应在企业内部公布更多有价值的空缺职位，以促进企业内部为高学历、高技能员工提供更多公平竞争的机会，扩宽优秀人才的晋升途径和职业空间。

第二，人员选拔过程应得到良好的管理。人员的选拔是企业的一个敏感问题，必须按照既定的选拔制度来进行。同时，在选拔过程的不同阶段，必须将结果告知所有员工，以确保整个过程的公正和客观，并认真进行公平的人员选拔，让员工感到过程是公平的，防止任何违规行为。

第三，对后备人才的管理和培养，必须做好组织工作，制订详细而有意义的管理办法，把后备人才队伍和行业的专业队伍结合起来，相互促进。

（2）做好岗位流动机制

目前，大多数企业很少实行工作轮换。工作轮换的经验表明，在同一岗位上工作时间长了，工作就会变成例行常规，员工会对自己的工作产生厌倦。在这种情况下，如果不采取行动，他们的积极性就会降低。此时，如何在日常工作中有效地激发员工的兴奋点，对提高员工工作效率至关重要。

首先，灵活（或创造性）的工作使员工能够找到最佳的工作方式，提高工作质量，为履行职责做出积极贡献。对于不同状态的员工，可以用不同的方式激励他们，并取得更好的效果。

其次，培养员工对企业的归属感、认同感，进一步满足自我价值实现的需要，培养员工工作的积极性和创造性。例如，可以安排员工在总部和分支机构之间流动，分支机构可以挂靠在总部，吸引员工到分支机构工作，分支机构也可以积极到总部吸收优秀工作理念和知识。这些都是对员工的极大激励和鼓舞。其实提高工作效率的方法就是合理发挥每位员工的长处，使得每位员工都能在工作中大放异彩。

4.健全沟通机制

根据相关调查研究发现，员工与直接上级的沟通不足是导致大部分员工离职的主要原因。这主要表现在两个方面：第一，企业中层管理人员缺乏主动和下属沟通的意识和技巧，尤其是在工作技能指导和工作资源支持方面，员工在工作中遇到困难和信息或者资源不足时，得不到部门领导的及时帮助和支持。此种情况下，员工对于领导和企业丧失信任和依赖感，长此以往，必然会引起员工不满。第二，沟通渠道不通畅。对企业员工的建议、投诉等信息，一些企业目前尚未拥有一套完整的沟通渠道。针对上述情况，建议实施总经理信箱制度等沟通机制。当然除了健全沟通机制之外，领导也应加强学习领导者管理艺术，学会怎么与下级进行有效沟通，这部分内容也应加入培训学习中去。

5.完善绩效考核体系

企业需继续完善绩效考核体系，加强制度建设、指标体系建设和业务体系建设，理顺和完善绩效管理制度，充分发挥考核的激励、引导和监督作用，更好地发挥绩效考核的"指挥棒"作用。建立更有效的机制，促进内部有序竞争。完善以能力和业绩为基础的考核和聘用制度，进一步提高人力资源队伍建设的科学化水平。

（1）改良绩效考评制度

第一，加强员工参与绩效管理。基于调查结果推动绩效考核体系的完善，其内容包括以下两方面。一是通过激励员工全面参与到企业的业绩管理中来，运用集体的智慧来改善企业的业绩。二是在员工参与绩效管理的时候，企业要及时掌握员工的需要，做出正确的决策。企业员工的全面参与不仅可以增加员工和领导交流，还可以促进他们相互了解。企业要引导员工广泛参与绩效管理，使考核方法公开、考核过程透明、考核结果公示、考核结果反馈；通过有效的绩效制度激励员工，给他们提意见的机会，提升他们对企业和自身价值的认同感。在绩效改善方面，可以采用KPI评价制度，设定清晰的个人目标，提高企业的总体目标（不是全部的员工业绩评价中），然后根据现有的绩效评价指标，对企业进行综合评价。

管理人员必须对整个部门的目标负责，每位参与人员都要设定特定的个体目标，在此基础上，各业务部门按照企业的总体战略目标和经营目标，制订出相应的 KPI 指标。接着，运用全方位评价方法对企业绩效进行评价，并将企业与个人的绩效量化指标相结合，将目前的管理类型评价分解为"员工调查"与"同事调查"。全方位问卷能使各级员工对自己进行正确的评价，了解自己的长处和短处，同时也能增强绩效考核的可信性、公平性和可信度。通过这种方式，管理者能够及时地发现企业内部的矛盾与冲突，进而提升其管理水平和管理成效，这对于企业制定战略目标和员工的发展都有一定的指导作用。

第二，推动收入分配更加公平合理。企业可以在员工考核中推行"绩效考核与薪酬确认表"，通过"一对一"的绩效考评，形成绩效评价的共识，建立起一个平等的、面对面的绩效交流平台。另外，可以使用"员工绩效考评体系公示表"，由直线经理对所属部门的员工进行全面的绩效考评，每个季度进行定制并公布。企业定期组织抽检，纳入考核，保证各部门对业绩贡献的评价公平透明。

第三，建立绩效薪资可视化体系。通过深入的访谈发现，一些企业内部的员工对其绩效报酬构成的认识还不够清晰，因此，公开其薪酬构成对激励其工作积极性具有十分重要的作用。要建立一个可视化的绩效薪资体系，使每个评价指标都能清楚地显示在系统中。每个季度的工资结算时，员工可以查看他们在哪些指标中得分或扣分，在哪些指标上有差距，了解这些得分、扣分以及员工在任务完成后对个人的薪酬产生了怎样的影响。另外，绩效工资的可视化分配也可以从一定程度上解决员工的收入公平感的问题。

（2）实施绩效监督机制

没有监督机制任何措施都无法顺利实施，所以企业需要建立一个绩效监督机制。实施绩效监督机制，可以激励员工实现自己的目标，使工作绩效更加令人满意，从而推动企业发展，稳定员工队伍。

6. 坚持"以人为本"的企业文化

企业文化反映在企业日常运作的方方面面，是企业的重要力量和动力所在。积极和谐的企业文化能够凝聚力量，提高员工忠诚度，是防止人才流失、优化人力资源流动管理的重要手段，为了保障员工面对其他企业高薪的诱惑仍保持坚定，企业应积极宣传企业文化中的价值观，使其经营理念和核心价值观深入人心，使员工更加依赖集体。员工的培养和忠诚度的提高对企业起着决定性的作用，有利于激发员工的创造力和主观能动性，充分发挥员工的潜力，此外也有助于增强组织的凝聚力，减少企业人才流失的成本，提高核心竞争力。

将企业文化建设融入日常工作中，经常组织和参与与企业文化建设有关的活动和聚会使员工之间的关系更加密切，形成相互尊重的信任感、团队意识以及增强对企业的认同感和归属感。

一是组织团建活动。可以组织郊游、运动和登山旅行等活动以增强企业的凝聚力，帮助员工培养团队精神、合作意识以及集体荣誉感。二是树立优秀员工的榜样。为了激发员工的热情，选择优秀的员工作为榜样，并给予一定的奖励，向其他员工传达令人振奋的信念，激发员工的主观能动性。三是培养员工的认同感。企业应多与员工沟通，了解员工需求，解决员工实际问题和困难，关注员工身心健康，增强员工认同感和忠诚度，减少自发流失的意愿。

（二）提高员工与组织的匹配度

1. 帮助员工树立健康积极的工作心态

一是为员工创建心理支持计划有助于改善他们的身心健康状况，消除工作压力造成的疲劳，这对激励员工和改善他们的福利非常有帮助。此外，在招聘过程中，通过建立学徒制度和提供实用的工作信息，可以减少员工因期望与现实不匹配而产生离职的倾向，员工心理援助计划图如图 4-4 所示。

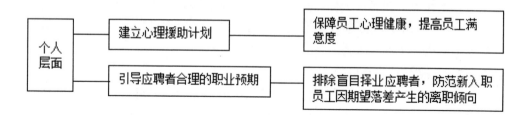

图 4-4　员工心理援助计划图

二是应当建立企业员工心理健康评价体系，建立在线心理健康评价中心，定期进行员工心理健康评价，根据评价数据建立员工心理健康信息数据库。对评价数据进行动态监测，对评价数据超出预警线的人员，企业组织专家及时干预，聘请第三方专业心理咨询机构，在心理健康评估的基础上为员工提供专业的自主心理咨询，对心理压力超过预防评估线的员工进行适当救助。为了解决影响心理健康的压力源和一般问题，组织心理和身体健康研讨会，以提高员工的自我管理能力、心理健康维护能力。

2. 帮助员工规划职业发展

（1）科学制订职业计划

第一，制订应届毕业生职业计划。许多初出茅庐的人缺少一个清晰的职业计划，对自己的职业要求也不是很了解，再加上各种证书和资格考试在市场上很流行，而他们对自己的职业证书的需求并不是很明确。明确的职业规划可以帮助员工明确自己的职业发展方向和成长方向，并能明确工作目标，进而积极主动地投入、完成工作。因此，对自身有一个明确的职业规划很重要。

因此，企业可以帮助他们整理自己的事业计划，使其将自己的事业计划与企业的发展道路联系起来，激励他们积极地工作。建议企业在新员工入职时，要求新员工及时递交"个人职业规划书"，并由其直接上司担任导师，在其入职后 3 个月、6 个月内，对其工作计划进行监督与优化，以帮助其更好地融入工作，并能更好地了解自己的工作及职业计划。

第二，制订企业资深员工职业计划。许多雇员都会因为要为不同的证书做准备而分心，把大量的精力放在了那些将来可能用不上的证书上。所以，企业应该根据雇员的职业生涯计划与发展趋势，结合当前的社会发展情况，为其提供相应的改进意见。

在工作之外，员工可以根据自己的实际状况进行自我完善，这样才能在以后的工作中取得更好的发展。此外，为了防止人才的外流，可以对奖赏设定一些有约束力的条款，如签订相应的合同，如果在合同期间离开，就不能获得教育奖金，借以提升员工的忠诚度。

（2）完善内部流动机制

企业在内部形成了一种以组织结构与市场分配为一体的内部流动机制，既保证了企业全体人员的总体稳定性，又可以在多个职位上增添工作经验，使其能够合理地在不同的工作岗位之间进行人员的自由流动，从而实现人岗匹配、人事相宜。根据企业发展、业绩提升、人才培养等工作需求，充分考量人员的工作素质和业绩，并结合企业的组织结构和人才市场机制，确定流动规模、流动方式和人员流动，从而达到人力资源的最优分配。从整体角度考虑，对企业内部人员的流动实行有计划、有层次、有系统的组织与控制，使其能够正确地控制人员的流动速度，正确地分配人员的流动次数，以保证其内部的平稳运行。

根据企业发展需要、岗位资格条件及员工自身条件，采用企业内部的组织安排和建立内部的人才市场，对员工进行合理的内部调动，形成岗位引才、员工择岗的双向流动。通过建立内部人才市场、引入岗位竞聘等方式鼓励企业内部人才的流动，企业人力资源部也应制订或完善岗位责任书，统一公布竞聘计划。由员工自愿申请，自主报名，并根据外部人才市场机制，完成内部人才选拔。

（3）做好新老员工培训

企业可以采取"老带新"的方式，为新员工提供3个月的培训时间，让他们有更多的机会接触到企业的工作内容，从而降低他们的陌生感和排斥感。在分配工作任务时，需要新老员工一起参与，合作解决问题是非常有效的方法。另外，可以利用团建、户外拓展等形式，将全体员工集中到集体活动中。

第一，制订企业级培训计划。目前，一些企业的培训并不多，有时也会存在培训时间短暂的问题，就工资、税收等方面来说，一小时的培训，最多也就是一个大致的概念，并没有详细的讲解。因此，要在企业层面上进一步改进提升战略，加强企业内部的培训，如从"员工云课堂"中甄选各种技术方面的"内部专家"。"内部专家"是从员工中选出的，他们要做好充分的准备工作，搜集和整理已有的资料，在企业内部进行培训，并在已有的工作中给其他学员分享好的经验。"内部专家"的选拔，也给企业提供了足够的技术支持。

第二，完善团队级专业培训计划。企业的团队式专业培训计划，除了每周进行工作交流、解决问题外，还可以拓展、巩固企业级的培训计划。各个部门的工作内容各不相同，且每个工作要求也大不相同，各部门都有各自的"专业领域"，在其他部门的眼中，部门里每个人都是"内部专家"。因此，每周都可以安排一个部门的内部人员进行交流与分享。在一定的时间里，进行各自的工作领域的理论和实践交流。企业可以在一个月两次与"兄弟企业"开展"对口"培训，交流彼此的技术与技能、增强业务上的协作、增进彼此间的友谊以及工作默契。同时，对有关培训资料进行收集记录与整理，便于随时查询。此外，还可以在企业层面上，对"内部专家"进行有针对性的培训，让"内部专家"更有效地指导其他员工。有关的训练和辅导成果，也要按一定比例纳入工作考核中，并将其作为各种考核的重要参考。

第三，创新培训方式。培训方法也并非一成不变，应及时更新。培训旨在使企业员工适应时代发展。在培训过程中，可以采用学分制，既有必修课程，也有选修课，由企业的员工自主选择。培训结束后，还要由培训讲师负责进行一系列的考核，并根据员工的表现分为不同的级别，培训的效果也会影响到他们的考试结果，让他们积极参加技术交流，使其在讨论中不断地进步，不断地改正错误，从而达到理论上的提升和技术上的进步。

3. 提升员工的工作价值感和归属感

马斯洛的需求理论认为，人们有生理安全、社交、尊重和自我实现的需求。对于员工来说，在满足了物质需求后，越来越多的人会开始追求精神需求，寻求升迁、学习的机会。

为了让员工感到被重视，企业应加强与员工的沟通，了解他们的真实需求，通过对话或其他沟通方式深入了解他们的生活和思想状况，解决他们的生活和工作问题，并听取他们的意见。企业及时征求员工的意见，让员工对企业有认同感和归属感。企业不仅要在经济报酬上给予优秀人才一定的倾斜，更重要的是，优秀人才可以在企业的发展过程中逐渐成长起来，即员工在企业发展中有一定的成长空间，让优秀人才对个人工作付出更多的耐心和承担更多的责任，同时积累个人能力，为个人成长打好基础。企业应帮助员工更好地投入工作，充分发挥他们的积极性和创造性，这不仅有助于企业的长期发展，也能帮助员工实现更高的自我价值，从而提升员工对于企业的黏性。

4. 关心员工工作和生活

企业应帮助员工解决困难，将组织的关怀和温暖及时传递给员工及其家庭成员。管理者应尽量争取员工家属的支持，加强与员工亲友的沟通，以避免工作与家庭、社会之间的冲突带来的伤害。同时，应注意倾听员工的心声，帮助他们克服工作中的困难，使他们在工作中更好地实现自己的才能。在管理实践中，鼓励员工在工作之外分享家庭问题，这样可以减少企业提供物质福利的成本，还有利于维护企业和员工之间的关系。继续创新和改进企业活动形式，不定期组织员工参加各种活动。例如，为员工开设书屋、举办分享阅读会、建立微信公众号、举办篮球赛、举办足球赛和舞蹈比赛等，丰富员工的业余生活，培养员工的兴趣爱好，传递正能量，为员工营造一个精神家园，让他们时刻感受到团队的关怀和团队的精神力量。

对于在工作和生活中遇到挫折的员工应及时了解情况，合理引导他们的情绪；对于生活中处于焦虑状态的员工，可以从组织的角度给予帮助，必要时可以请来心理专家对其进行心理培训或辅导。

第五章　战略性人力资源绩效管理

随着市场经济的发展和现代企业制度的建立，战略性人力资源绩效管理涉及企业管理的多个方面，可以说是构建企业管理体系和制度的基础。本章分为绩效管理概述、战略性人力资源绩效管理、战略性人力资源绩效评价三部分。

第一节　人力资源绩效管理概述

一、绩效管理概述

（一）绩效的概念及特点

1.绩效的概念

绩效本身是客观存在的，但是员工想要获得绩效，就需要评价者进行主客观评判后予以明确。绩效强调的是组织所期待的，为了能够达到一定的目的，所形成的评价工作行为的结果，体现了组织和员工两者在一段时期所获得一定结果的过程。绩效是能够预计和衡量的，是某一个体在特定的时间段内所进行的可评价的，对组织目标有促进作用，其本身是基于组织对于个体素质和综合能力的有效判断，可以给予个体指导、改进、提升的，是能够预计组织在特定时间内所获得的成果的总和。绩效分为两个方面，分别是组织绩效和员工绩效。如果把绩效形容成结果和产出，相对来说是比较明晰的，但有时也可能会因此带来不当的行为，如工作的结果不一定是由于员工合理行为或者组织所获得，也有可能是因为环境，或者通过一些不正当途径所获得的最终结果。

总而言之，绩效本身是出自管理的范围之内，对于绩效含义的理解，不同行业的人也会各有不同。对于现阶段社会发展中的各类组织来说，绩效是一定时间内该组织中的员工通过适当行为来创造工作价值的结果。因此，绩效本身既可能是包括了能够进行测评的实际价值，也可能是包含了无法推广或者长久提倡的行为或者水平。绩效可以理解为对员工的工作成果和工作胜任能力的综合评价，在企业实际的工作中，员工的工作成果一般是可以量化，并且可以被描述出来的要求和指标，而工作胜任能力体现了员工对工作的态度、能力甚至是对个人的要求等。未来随着经济社会的不断发展，不同时期、不同环境下对绩效的理解和认知也会不断地充实和完善。例如，近年来逐渐兴起的"软绩效管理"的概念，学者在以前研究的基础上结合现代实践对绩效的能力、行为、结果等方面的观点都进行了升华。所以，对于绩效的解读应当明确的是绩效是工作的一种结果，也是一个过程。

2. 绩效的特点

（1）动态性

绩效作为一种管理模式，本身就是随着时间、空间、企业情况、个人情况的变化而变化的，这是它的动态性特点。

（2）多因性

个体或组织的绩效，受到多种因素共同作用的影响，这既包含外部环境、条件因素，也包含自身的能力和水平因素，这是它的多因性特点。

（3）多维性

绩效是一个综合的反映，应该从多个方面、多个角度去分析，才能得到科学、合理、客观的结果，这是它的多维性特点。

（二）绩效管理的基本概念

绩效管理是在绩效考核基础上人力资源管理实践的发展，当不同层级的管理者发现员工实际的绩效评价与理想中的绩效评价之间存在差距，绩效管理便应运而生。

绩效管理，就是制订、评价及改进员工在本职工作岗位上的工作行为及工作成果的管理。绩效，就是工作的成绩和效果，就是反映一个员工是否按照岗位的要求完成工作。工作的绩效主要应该通过工作的结果来表现，但是对于某些工作来说，工作的行为更容易被直接地观察和评价。

绩效管理是一个长期性、持续性的管理，是管理者为了达成组织目标，提升个人、团队乃至企业整体的组织绩效，持续激发员工工作的积极性与创造性，持续提升企业整体效能所采用的管理行为。

绩效管理包含持续地对以目标为导向的员工绩效进行界定、衡量、激励以及开发。这就意味着：第一，要确保员工的目标与企业的战略目标及运营目标联系在一起；第二，管理者要及时向下属提供有关他们绩效的反馈信息；第三，管理者要向下属提供他们为完成各项目标及任务所需要的各种资源和培训；第四，要对优良的绩效给予奖励；第五，要持续地检查员工的工作状况。绩效管理包括目标共享、目标整合、持续绩效跟踪、持续性反馈、辅导和开发支持、报酬奖励六个基本要素。常见的绩效管理可以分为两种类型：一种是激励型绩效管理，强调在工作过程中，管理者要通过目标设定、环境营造、文化传播等多种方式激发员工工作的积极性与创造性，充分发挥员工能力及潜力，提升企业活力的同时提升个人、团队乃至企业整体的绩效；另一种是管控型绩效管理，强调制订员工的工作行为规范和流程，对员工的工作过程和成果进行严格管理。

（三）绩效管理的原则

1. 目标清晰

清晰的目标有助于员工实现企业的目标和要求，要通过对实现目标的渴望来正面引导员工和集体。

2. 管理标准量化

量化、客观的绩效管理标准有利于提升绩效管理的公平性，可以避免绩效考核受主观判断影响公平性，保障企业绩效管理不沦为走过场，可以真正落到实处。

3. 职业化心态

员工在接受绩效管理的过程中要拥有专业的素养和职业化的心态，优秀的员工对于绩效管理的态度不是惧怕而是欢迎，良好的绩效文化氛围有利于绩效管理制度的落实。

4. 与利益挂钩

绩效管理必须与员工或集体利益直接挂钩，只有这样才能引起员工的重视，凝聚员工的力量，实现组织绩效目标。

5. 可控性强

绩效考核是企业管理行为的一种，企业在过程中要牢牢掌握绩效考核的主动性。从具体实践上看，绩效管理是企业进行管理控制的有效途径。

6. "三重一轻"原则

在绩效管理过程中应该重积累、重时效、重思考和轻量化（"三重一轻"），要有意识地注重积累绩效管理过程中的各种数据，在每个环节及时进行对应管理，不拖沓不推诿，再通过轻量化的方式，在不断地改进和反馈中优化绩效管理。绩效管理基本原则如图 5-1 所示。

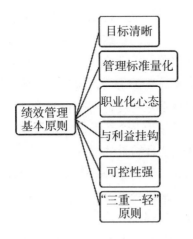

图 5-1　绩效管理基本原则示意图

（三）绩效管理的目标

提升员工和组织的绩效水平是企业实施绩效管理的基本目标，绩效管理实施的循环流程中在不断提升员工的绩效水平，以此促进组织绩效水平的提升。绩效管理流程是考核计划的制订、绩效考核与沟通、绩效考核评价、结果反馈与应用的持续循环过程，可以持续不断地保证组织和员工绩效水平提升，在保持组织员工目标一致的基础上，保持组织与员工的共同进步与发展。

提升核心竞争力可以作为企业实施绩效管理的高层次目标，人才是人力资源的核心，绩效管理是人力资源管理的重要组成部分，企业只有建立高效的绩效管理制度，才能确保企业持续的快速成长和发展。企业通过绩效管理的实施，激发了员工工作的潜能，增强了员工的责任感和获得感，从而实现企业核心竞争力提升的目标。

企业战略目标的实现是实施绩效管理的最终目标，绩效管理制订和实施的过程中，企业的战略发展目标通过层层细分后，确定了各部门和岗位的目标，员工细分目标与企业战略目标保持了高度的一致性，通过管理者与被管理者共同确定绩效考核的内容、绩效考核与沟通、结果的反馈与应用等流程来推动战略目标的实现。同时，在绩效管理流程实施中，管理者通过与员工持续沟通，及时地发现工作中的问题并予以解决，促进员工绩效目标的实现，以此来实现企业的战略目标。

（四）绩效管理的过程

一般而言，绩效管理的过程包含计划、考核、分析、沟通与改进等内容，这是一个循环的整体、动态的过程。在这个过程中，管理者运用绩效管理知识和工具，不断在绩效计划、绩效评价、绩效沟通、绩效诊断等方面改进管理方法，持续提高企业业绩。管理者和员工都是全程参与，达成的结果也是共建共享的。不能孤立、片面、静止地看待绩效管理，一些企业简单地把绩效管理等同于绩效考核，这无疑忽视了绩效管理作为一个体系的完整性和整体作用。企业绩效管理不仅需要绩效结果，更要强调实现结果的过程。

绩效管理的过程应围绕组织目标开展工作，其中包括五个环节。前提基础是绩效计划，没有绩效计划，绩效管理就无从谈起。重要支撑是绩效辅导沟通，沟通不到位，绩效管理就难以起到应有的作用。核心环节是绩效考核评价，如果考核评价出现偏差和纰漏，必然造成绩效管理的严重问题，甚至会带来颠覆性后果。必要保证是绩效反馈，缺失这个环节，绩效管理的效果就要大打折扣。关键所在是绩效结果应用，如果激励约束机制出现问题，绩效管理难以取得成效，就会成为空中楼阁。上述五个环节共同构成了一个如图 5-2 所示的闭环。

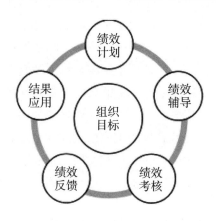

图 5-2 绩效管理过程示意图

1.制订绩效计划

绩效计划是绩效管理的基础，其重要作用不言而喻。企业能否按照目标方向发展，取决于绩效计划质量的好坏。企业要提前科学制订绩效计划，将其贯穿发展的全过程，管理层和员工按照既定计划开展工作，从实现一个个短期目标开始，最终达成远期目标。

2.开展绩效辅导

在绩效完成的过程中，管理者不仅要实时监督员工完成情况，检查工作质量与目标的差距，更要加强与员工的交流，与员工探讨面对的问题，不断为员工提供指导。在这个过程中培养员工对绩效管理体系参与必要性的认识，提升员工的认同感。

3.实施绩效考核

绩效考核是绩效管理中绕不开的关键环节，对员工的个人绩效进行管理，需要从工作成绩以及存在的潜力两方面进行衡量，应尽可能简化，不可太过复杂。既便于理解和操作，还要明确时间节点、目标要求、质量标准。绩效考核最终是要服务企业未来发展，这也是一个收集信息、研判信息的过程，这些信息最终要转化为对企业有用的信息。

4.及时反馈改进

绩效反馈作为最下游的环节，指管理者与员工就当前的工作、未来的目标等内容开展的有效沟通。管理者要及时奖励员工好的部分，还要根据绩效考核结果发现员工的不足与问题，并指导员工想出改进办法和措施。通过这个环节，绩效管理就能够反过来影响员工的具体工作。需要特别注意的是，要避免挫伤员工的工作积极性，实事求是地分析问题，有针对性地进行改进。

5.加强结果应用

如果只把绩效结果作为薪酬发放、岗位调整的依据，就大大浪费了考核结果的价值。绩效结果要与员工培训、人事任免、职务晋升等员工切身利益紧密联系，只有激发员工的积极性与创造性，充分发挥激励作用，形成优胜劣汰的良性竞争氛围，才能不断提高员工的整体素质，最终达到实现组织绩效目标的目的。

（五）绩效管理的方法

常见的绩效管理方法有目标管理法（MBO）、关键绩效指标法（KPI）、360度考核法和平衡计分卡（BSC）等。任何一种方法都不是完美的，各有优劣和适用环境。对于企业来说，合适的绩效管理方法必须能满足当前业务需要。在实际选用时，当某一种方法经过严密论证，特别符合当前企业发展需求，那么该企业的绩效管理体系就以之为核心进行搭建。如果单一方法无法满足要求，也可以综合各个方法重叠使用。但不论选用何种方法，最终的目标都是一致的，即通过科学合理的绩效管理体系助力企业快速发展和成长。

1. 目标管理法

目标管理法源自《管理的实践》，现代管理学之父彼得·德鲁克在书中提出的"目标管理和自我控制"，他主张将企业战略目标和个人目标统一起来。企业战略目标不能沦为一句空话，它必须落地，必须详细划分到每一个个体的工作目标中去。孙旭光认为以人为本是目标管理法的核心。目标管理法以沟通为主，使企业目标不再只是管理者的口号，而是每一个企业生产经营参与者的目标；使个体不再是麻木的"螺丝钉"，而是企业生产经营和决策不可或缺的一环。身份的转变反过来会激发个体的主观能动性和创新的意愿[①]。顾娟认为目标管理法有三大功能和意义：提高员工生产积极性、改进组织职责分工、促进组织整体目标实现[②]。

2. 关键绩效指标法

关键绩效指标近年来被广泛运用于企业的绩效管理实践，其最早是被运用于英国的建筑行业，但后期学者对意大利经济学家帕累托的"二八原理"进行延伸，得出企业 20% 的核心人才创造 80% 的价值，因此 KPI 着重考核 20% 的核心人才。KPI 为企业上下级员工提供交流的平台，其紧紧抓住关键少数人群，一方面可以降低绩效管理带来的不必要支出，也可以间接地提升企业的核心竞争力，减少员工不必要的束缚，提升工作效率；另一方面与企业的战略目标高度配合，具有较强的针对性，让企业高层清楚地了解到关键经营战略能够给企业创造更大的价值。然而 KPI 的弊端在于不能对所有岗位的员工进行明确的数据分析，不能精准把握实际情况，主要是过度把格局限制在当下，只看重眼前的利益，未树立长远的眼光，实操性 KPI 体系对于提升绩效管理质量是不容小觑，所有考核内容的标准可以通过数据的形式反映出来。

3. 360 度考核法

360 度考核法又称为全方位考核法，英特尔是最早提出并开始使用该绩效管

① 孙旭光. A 公司绩效管理现状研究及改进措施［J］. 现代经济信息，2016，21（25）：26-28.
② 顾娟. 绩效管理工作中目标管理法的应用探析［J］. 现代营销（经营版），2020（10）：94-95.

理方法的公司。由于其评价维度全面化，也被广泛使用于绩效考核评价。360 度考核法通常会有四个或四个以上维度，因此该方法适合于企业中高层人员。360 度考核法是指从员工上司、下属、同事、顾客和本人等不同维度来了解其工作绩效。通过获取考核各方的综合评价，被考核人可全面了解其在工作各个层面所接触对象对自身的看法和工作中的不足，可以找好方向来提高自己。这种方法也有其本身的优劣势：优势是可以进行全面评估，做出较为公正的评价，同时反馈的信息非常全面，被考核者不仅可以运用反馈的信息改进和完善日常工作，同时也加强了团队交流和沟通；劣势是信息来源广，评估工作量大，同时对组织的正式性要求较高。而且 360 度考核法有一定的门槛，被考核人需经过一定量的学习和培训，才能保证评估的有效性。高杨苏云基于互联网背景，研究了 360 度考核法存在的问题和解决方案，以期让该绩效管理方法能够合理运用，为企业发展带来积极影响①。

4. 平衡计分卡

（1）平衡计分卡的定义和应用

在企业管理者和学者越来越意识到仅仅依赖财务指标管控企业的绩效体系还不够时，1990 年，哈佛商学院的罗伯特·卡普兰（Robert Kaplan）教授和波士顿咨询公司的顾问戴维·诺顿（David Norton）探索出的一种新的绩效管理办法。通过对相互之间具有逻辑关系的四种组织活动（财务、客户、内部经营过程、学习和成长）的指标组合来全面监控组织的绩效结果，这个组合即平衡计分卡。卡普兰教授和诺顿于 1992 年正式提出平衡计分卡的概念。

平衡计分卡主要关注四个组织活动之间的平衡。一是关注外部客户和股东与内部流程和员工之间的均衡；二是关注利润、市场占有率和新产品开发投资与员工培训发展间的均衡；三是关注利润、员工流失率与客户满意度、时效性间的均衡；四是关注利润与客户满意度、员工培训成本及次数等之间的平衡。

平衡计分卡概念自提出后，迅速被引进我国的优秀企业，如华润集团。至今约 30 年的时间里，对于引进的优秀管理方法，我国的研究者也是从各方面进行实践研究。在适用对象或条件方面，崔春红指出，BSC 适用于企业明确感知到面临行业竞争压力，管理风格偏向民主式或协商式的企业②；金少勇认为 BSC 只是给我们提供了绩效考核的一个思路而不是普遍适用的指标体系③；胡清清指出

---

① 高杨苏云.互联网背景下 360 度考核法的问题和对策［J］.现代商贸工业，2021，42（1）：53-55.
② 崔春红.浅谈企业业绩评价方法［J］.现代经济信息，2012，（21）：26.
③ 金少勇.对引入平衡计分卡方法改进国企业绩效评价管理的探讨［J］.中国乡镇企业会计，2011（4）：104.

企业在战略转型期不能仅关注短期目标，及时调整战略目标才能确保战略转型成功[①]；刘子栋指出 BSC 财务指标设置时需要考虑市场环境因素[②]；吕培胜认为 BSC 需要获得高层团队的强力支持[③]。在作用方面，张继德、许小崇认为平衡计分卡在实施过程中能够加强企业内部员工的沟通，包括员工对企业愿景和战略目标的准确领会，在决策时能促进员工对于战略达成一致[④]；靖潇认为 BSC 让企业各层级各组织行动保持一致，向企业的战略目标聚焦，让战略目标转化为企业各组织各层级的绩效行动[⑤]；邓晓红、宫振伟指出以平衡记分卡为基础的报告系统，能够监控战略进程和确保所需要步骤正确[⑥]；曾静认为 BSC 可以整合国有企业的资源[⑦]；朱新青、梁艳芳、梁业梅、梁春萍等人指出实施 BSC 能够提高员工的满意度，同时能推动组织的内部流程更加完善[⑧]；胡兵认为 BSC 能增进企业的向心力、凝聚力和战斗力[⑨]。

（2）平衡计分卡的不足

平衡计分卡强调从四个维度对企业进行绩效考核，可能会使有限的资源分散。并且其不适用于所有的企业，他的重心和最终归宿仍然是财务指标，因此，它仍然是财务驱动型的评价工具。平衡计分卡只是明确了财务目标实现的路径而已，政府部门等非营利性组织一般不适用该方法。

（3）平衡计分卡的实施步骤

成功实施平衡计分卡大体需要以下步骤。

第一，企业需要先对高层管理人员进行相关知识的培训。加强高层管理人员对平衡计分卡的认识，减少推行中的阻力，并得到有力支持。

第二，为了更好地推行项目，组建平衡计分卡的项目团队。同时，为了给平衡计分卡团队提供知识支持和反馈，每个部门需要指定一位项目联络人。另外，为帮助实施和相关绩效指标的衡量，需要建立一个平衡计分卡数据库。

第三，在推行前重新明确企业战略目标，保证企业的经营方向基本是正确的。

① 胡清清.基于平衡计分卡的蒙牛乳业战略转型绩效分析［J］.广西质量监督导报，2021（5）：87-89.
② 刘子栋.平衡计分卡在企业绩效考核中的应用分析［J］.财会学习，2021（21）：150-160.
③ 吕培胜.平衡计分卡的战略角色管理［J］.企业改革与管理，2012（2）：17-18.
④ 张继德，许小崇.平衡计分卡在我国的运用现状、问题和对策［J］.会计之友，2014（27）：123.
⑤ 靖潇.平衡计分卡理论发展与研究综述［J］.财税审计，2020（1）：139.
⑥ 邓晓红，宫振伟.BSC 助力企业战略落地［J］.施工企业管理，2014（5）：73-74.
⑦ 曾静.对引入平衡计分卡改进国企绩效评价管理的探讨［J］.中国集体经济，2015（27）：26.
⑧ 朱新青，梁艳芳，梁业梅，等.基于平衡计分卡的护理绩效考核效果分析［J］.齐鲁护理杂志，2015，21（4）：38.
⑨ 胡兵.基于平衡计分卡的企业绩效评价体系探析［J］.经贸实践，2018（19）：232.

第四，以发展需要确定平衡计分卡的角度，关注关键结果领域。在确定评价角度时，需要企业根据自身的发展阶段、竞争环境以及行业特征确定平衡计分卡的角度。

第五，选定关键绩效指标及绩效目标。

第六，行动、总结、归纳、调整。

（六）绩效管理的作用

第一，绩效管理可以促进个人绩效和组织绩效的持续提升。企业在实施绩效管理的过程中，通过绩效考核指标的设定与调整，确定员工发展的方向，管理者在绩效管理的过程中，要及时发现员工存在的问题，并予以帮助、指导，员工在此过程中改进工作方法和态度，确保个人目标的实现。在绩效考核的评价阶段，管理者通过绩效考核的结果对员工进行客观的评价，明确员工对组织实现目标的贡献程度，以此激励员工和部门努力工作来提升绩效。另外，在绩效反馈与应用的过程中，通过分析绩效考核的结果，及时发现优秀人才，并予以职级晋升、奖金、评优评选等方面的奖励，有助于人才的成长与发展，且在绩效管理的循环过程中，以上几个方面的措施，可以不断提升员工的个人绩效，使人力资源满足组织持续发展的需要，从而更好地促进组织绩效的不断提升。

第二，绩效管理能有效促进组织流程的优化，流程是否有效运行，决定着组织效率的高低，在组织业务和管理流程运行的过程中，绩效管理起到了导向作用。绩效目标的分解决定了员工需要做什么，什么时候去做；在绩效沟通和反馈过程中，使员工了解如何去做，怎样做得更好，只有明确了这些内容，才能确保目标的实现。同时在组织实施绩效管理的过程中，使各级管理者能清楚知晓企业的战略目标，只有不断提升工作效率，不断优化组织的管理流程和业务流程，才能确保组织运行效率不断提升，所以绩效管理能有效促进组织流程的优化。

第三，绩效管理能确保组织战略目标的实现。企业在绩效管理的过程中，对战略目标进行层层分解，制订各部门和员工的月度、季度、年度计划，确定了经营目标，员工和部门都致力于目标的实现。同时在绩效沟通的过程中，管理者与被管理者之间，通过积极的沟通与交流，减少不必要的矛盾和冲突，这也有利于节约管理者的时间成本，使之更好地投入其他工作中，以此确保战略目标的实现。

（七）绩效管理的理论基础

1. 组织公平感理论

组织公平感理论从字面意思上理解就是非常强调公平和公正，公平的概念最早由美国社会学家霍曼斯（George Casper Homans）提出，美国管理心理学家约翰·斯塔西·亚当斯（John Stacey Adams）对公平理论进行了发展，他研究出了一个非常具体的公式，让员工理解更加透彻。组织公平感主要做到分配要更加公平、程序要按照标准实行、要时不时进行互动。分配公平感主要指在薪资报酬分配这一结果上。亚当斯早在 1965 年就研究了公平理论，他认为有两个方面的因素直接影响员工的分配公平感：一个是在绩效考核结束后，员工会衡量比较自己个人的投入与产出是否达到内心的期望值；另一个是会更加关注自己的薪酬变化情况以及是否能够得到职位上的晋升。程序公平感顾名思义指的是在绩效考核实施过程中是否公平公正，在这个过程中是否实现了员工与组织之间的双向沟通，即便有双向交流，但遇到问题，不了了之，也会导致员工产生不公平感。互动公平感主要涉及的对象是管理者和员工之间的沟通交流，指员工在与部门负责人进行沟通时，是否站在平等的角度上进行交流，交流是否畅通无阻，通俗地说就是员工在人际交往中是否存在障碍。

2. 目标一致性理论

当个体处于群体环境中时，若要群体的水平达到最高程度，且个体的水平得到最大限度发挥，只有个体的目标与群体的目标达到一致时才能实现。目标一致性理论强调绩效考核组织目标、绩效考核相关指标和绩效考核目的三者之间的统一。总体上包括以下三个方面。

一是组织目标与绩效考核相关指标的统一。在绩效评价过程中，绩效考核相关指标代表的是评价的要求，所以必须与组织目标相一致。组织目标的内容要涵盖全面，既要反映出总体的战略目标，还要考虑实现组织目标的其他方面。绩效考核相关指标与组织目标相一致可以正确反映目标的实现程度，将整个考核系统引向正轨，从而更好地实现对员工和团队工作业绩成果的评价。

二是绩效考核相关指标与绩效考核目的的统一。绩效考核相关指标体现的是考核的要求和目的。由于考核目的不同，绩效考核相关指标也要相应地调整和变动。绩效考核的目的通常有四种，分别是达成目标、挖掘问题、分配利益和促进成长，在企业不同的发展阶段这些目的也不尽相同，因此在需要达到不同考核目的的情况下将相关指标调整一致是必要的。

三是绩效考核目的与组织目标的统一。绩效考核相关指标既要与组织目标相统一，又要与绩效考核目的相统一，这就要求组织目标与绩效考核目的达到有机的统一。如果这两者产生差异，那么在设定绩效考核相关指标时就会产生两难的局面，影响整个考核评价工作。另外，绩效考核工作必须为实现组织目标服务，因为组织目标决定了一个组织活动的方向。

在实际工作中，个人目标与组织目标相一致往往还影响着组织内人力资源的流动，当个人的工作努力方向与组织所期望达到的目标一致时，就能充分调动个人工作的积极性，并且得到组织的认可。

3. 强化理论

以美国心理学家斯金纳（B. F. Skinner）的强化理论为代表，斯金纳认为可以通过控制结果来改变人们的行为，通过正负强化、惩罚和撤销的方式形成刺激，督促员工进行调整，达到员工改进的目的。在绩效管理中，就是以员工绩效为基础，对员工进行考核评价，不断反馈结果，修正员工行为的一个强化过程。

4. 组织变革理论

组织变革是带有目的的管理活动，是为了提升组织效能目标，适应组织内外部环境，通常而言，外部环境变化包括技术不确定、竞争不确定和宏观环境不确定。组织变革方式可以有两种形式，一种是缓慢推进型，另一种是快速推进型。

对于第一种形式而言，主要采取表面修改和局部调整来变革，这种方式对组织影响较小，同时也存在严重的局限性，对组织依赖性强，长期受到机制和体制的束缚。然而，对于第二种形式而言，则需要大规模、全面和大幅度的调整，这种会在一定程度上影响组织的平稳性[①]。德国心理学家库尔特·勒温（Kurt Lewin）先建立起了变革模型，我们在这一过程中，必须树立创新的思维，培养全新的行为习惯来推进改革的顺利进行，产生正向激励作用，考虑到员工的行为和心理，我们首先要明确是让员工自主去发现问题，让他们意识到问题的严重性和改革的紧迫感，让员工自觉转变旧的行为模式，开始新的行为习惯。其次是给员工提供新的行为和思想，为他们的变革指明方向，养成新的态度和习惯，同时对这种行为提供正向激励，加以强化，从而出现持久稳定的群体行为。一种比较常见的理论是组织变革理论，从字面的意思理解是变革组织内部各种结构要素，重新分配组织之间的资源，如对管理责任和权限进行重新组合。从如今现代企业

---

① 冯志云. 对现代企业绩效管理粗浅认识［J］. 管理学家，2013（22）：37-41.

发展来看，扁平化组织架构更适宜来推动组织变革，让上下级之间没有那么多层级，便于工作的开展①。

5. 权变管理理论

权变管理理论是在经验主义学派的理论基础上发展而来的，它的理论来源主要有两大领域，一是组织结构研究领域，二是领导方式研究领域。管理学者根据对两大领域的研究，形成了科学性的权变观点。美国管理学者弗雷德·卢桑斯（Fred Luthans）对权变理论进行了一个整合，并提出理论框架，进一步规范完善了权变理论体系，也标志着权变理论的正式形成，同时卢桑斯具体地研究和建立了环境变量和管理变量之间的权变关系，从而使管理活动更有效地实现组织目标。他以系统观为基础，认为组织是一个开放的系统，系统观是权变理论的出发点，权变理论的基本原则是依据现在组织所处于的环境的多变性以及组织系统的复杂性，从而不可能存在适用于一切情况和组织的普遍管理原则和方法，只能根据实际情况，选择合适的管理方式，做到随机应变。然而，权变理论对存在的普遍管理原则持有质疑的态度，但它通过环境与管理方式存在具体权变关系，阐述了在一定的环境条件下，存在着最适合实现组织目标的管理方式。

6. 利益相关者理论

利益相关者理论是由战略管理的鼻祖——伊戈尔·安索夫（Igor Ansoff）提出的。随着时代的发展，人们对企业的性质和使命有了全新的认识，企业的社会责任更侧重于满足所有利益相关者的需求，进一步促使企业的管理理念和方式发生变化，利益相关者可以理解为与组织相关联的个人和群体，狭义的利益相关者包括员工、顾客、债权人、供应商等，广义的利益相关者包括联盟、竞争者、行业协会和政府部门等②。利益相关者理论认为企业与各种利益相关者形成的契约是各种利益相关者协商和交易的结果，承载着利益相关者的期望和要求。企业在发展过程中要兼顾内外部有关权益者的利益，分配剩余索取权和剩余控制权，要清晰地知道不同分配方式产生不同的绩效水平。

企业永续发展的关键在于是否能够有效地处理各种利益相关者之间的关系，因此企业管理层不应该仅仅关注股东的权益，还应该重视其他为企业创造价值的利益主体。企业实质上是一个合作系统，应该将剩余索取权和剩余控制权在主要利益相关者之间进行分配，从而产生不同的绩效水平。

① 静斯.基于KPI的绩效管理体系探析［J］.经营管理者，2016（05）：88-92.
② 韦柳.基于提高企业核心竞争力的人力资源管理研究［J］.中国商贸，2012（11）：151-163.

二、人力资源绩效管理概述

（一）人力资源绩效考核

在考核周期结束后，通过既定的、科学的考核方法，收集相关的考核信息，依照绩效目标和绩效指标，对员工工作的完成程度、工作质量、发展情况等做出考核，并将考核结果通知员工，这个过程就叫作人力资源绩效考核。绩效考核得出的结果比较真实地反映了员工的工作状况，通过考核结果，可以对职工实施相对应的奖惩、培训、调动等措施。根据企业的实际情况，可以选择月考核、季度考核、半年考核或者年度考核。

（二）人力资源绩效管理

人力资源绩效管理的实质就是通过一系列绩效管理的方法，如绩效计划、绩效辅导、绩效考核、绩效反馈、考核结果应用等，对企业人力资源管理进行优化、改进和帮助。人力资源绩效管理是企业管理的核心部分，当今企业要想长期可持续发展，并实现最终的战略目标，就必须建立科学有效的人力资源绩效管理体系，并切实实施。人力资源绩效管理，指导员工的工作方向，约束员工的工作行为，调整员工的工作岗位，使员工在最合适的岗位上发挥最大程度的作用，也就提高了工作效率，保证了产品质量，营造了积极的工作氛围，最终企业与员工共同进步，实现互利共赢。

第二节 战略性人力资源绩效管理

一、战略性人力资源绩效管理的必要性

社会各行各业的企业管理层均需针对战略性人力资源管理的引入与应用保持高度的关注与重视，原因在于战略性人力资源管理可以较为有效地从人力资源管理的细分领域出发，为企业整体层面的内部管理现代化转型发展创造较为有利的外部条件。具体而言，战略性人力资源管理可以发挥的客观积极促进作用体现在确保企业长远的战略性目标的实现、实现人力资源与员工队伍的优化、为企业可持续的长效发展奠定基础、帮助企业提升自身竞争软实力表现和确保企业人力资源绩效管理的公平有效等五个方面。

（一）确保企业长远的战略性目标的实现

不同于传统的人力资源管理方式及理念，战略性人力资源管理所处层级更高，在战略性及针对性方面的表现更为优异。企业发展的最终目标在于实现自身较为长远的战略性目标，因而在实际进行各项经营管理过程中同样需要相应地体现战略性，在人力资源管理工作的具体实践过程中同样如此。为求予以实现，企业需要采取有组织性和计划性的管理方式，进而为人力资源管理工作的进行提供科学合理的支撑。而在此过程中，战略性人力资源管理正是予以实现的必要性基础，可以确保企业长远战略性目标的最终实现。

（二）实现人力资源与员工队伍的优化

在企业运营期间，经常存在下述情况：员工工作努力，但员工产出却难以提升，工作绩效较低，存在这一情况的根本原因在于人岗不匹配。通过绩效考核和绩效分析，可以及时发现企业存在的人岗不匹配问题，进而优化人岗设置，推进人力资源的优化配置，提升人力资源开发利用效率。同时，绩效管理可以发现绩效水平低、工作能力低的员工，企业依照劳动法进行处理，从而优化企业员工队伍，使企业员工在工作期间产生更大的经济效益。

（三）为企业可持续的长效发展奠定基础

在企业存续及发展过程中，人力资源属于关键性资源，可以较为直观地影响企业整体层面的存续发展，同时还是企业战略性目标得以实现的必要保障。应用战略性人力资源管理可以更加有效地确保企业人力资源及其相关管理可以在制度方面获得一定的基础性保障，进而为企业人力资源管理工作的各项细分环节的高效进行创造更加有利的条件。

（四）帮助企业提升自身竞争软实力表现

在市场竞争越发激烈的外部发展环境之中，企业需要相应地引入最尖端的科学技术及管理理念，以便更加有效地提升自身的竞争力。在此过程中，战略性人力资源管理可以发挥的支撑性作用极为显著，可以从内部管理控制角度出发为企业保持更加良好的内部工作环境与企业文化创造条件，还可以更加深入有效地应用作为核心资源的人力资源，最终为企业中长期的战略性目标实现奠定更加坚实的基础。

（五）确保企业人力资源绩效管理的公平有效

一个企业人力资源绩效管理的公平与否不仅关系着员工的切身利益与发展，同时还关乎企业的生存与发展。通过大数据的应用，不仅实现了各种数据信息的整理，同时还有效地避免了绩效考核中的不科学性、主观性问题，从而确保了企业人力资源绩效管理的公平，为员工的发展提供了一个良好的竞争环境，为企业提供了良性的发展环境。

二、战略性人力资源绩效管理的实施策略

（一）明确绩效管理目标

在现代化企业人力资源绩效管理过程中，应当明确绩效管理目标，并提高员工的重视程度，从以往的问题来看，管理者和员工对于绩效管理的理解度不够，对于全面落实绩效管理所提出的系列要求，员工之间缺少竞争和合作，反而存在因为利益关系而出现一些不利于管理者管理的行为。所以，为了进一步避免此类现象的发生，强调运用绩效管理并强化绩效考核力度，让员工能够和管理者之间构建一条沟通反馈的渠道，并培养员工与员工之间的协作意识，及时改善内部工作氛围，让员工能够正确理解绩效管理对个人发展所具有的价值意义。围绕绩效管理目标来构建完善的绩效考核制度，要让员工能够及时了解绩效考核要求，且企业应当根据实际情况来制定相应的奖惩机制，明确设定各种考核方案，让各个部门各个岗位能够了解具体的考核任务，以及会通过哪些考核机制来予以实现。在实践探索过程中，采用多种科学有效的绩效管理方法，要结合员工实际工作完成情况来了解绩效管理实施的最终结果，既可以有效带动员工，让他们能够明确个人工作责任，也能够将绩效管理更好地应用到企业经营管理过程中，为企业长远发展提供客观保障。与此同时，管理者也应当明确员工的个人能力是绩效管理客观反映的指标，在当前企业管理中应该围绕绩效管理来不断挖掘企业当中更具有管理能力的人才，并不断激发个人潜力，为企业长远发展提供重要的人才基础。

（二）创新人力资源绩效计划

基于大数据创新企业人力资源绩效计划可依照员工能力素质及绩效管理目标等开展。一是运用大数据技术考核员工的能力素质。能力素质可以说是人力资源绩效考核指标中的关键要素，企业人力资源管理人员需要科学运用大数据技术来对员工能力素质实施考核，在过程中细致分析员工素质与其岗位的匹配度，主要包括汇总员工的职业技术水平、创新力、应变能力、组织能力、计划能力等，然

后在这一基础上融合大数据技术来生成人员能力素质模型，在对每一位员工构建能力素质模型之后，依照大数据技术来对其所在岗位的能力需求实施模拟分析，进而获取岗位能力素质模型，完成之后通过模型对比来获取员工与工作岗位的匹配度，可将结果作为绩效考核阶段人员岗位调配的依据。这种方式也可以确保在对员工进行培训的过程中更具针对性。二是依照大数据来确立绩效管理目标。绩效目标管理创新可以依照人力资源信息化系统来将绩效年度目标、季度目标以及各部门分支绩效目标都输入系统中，随之将目标与执行组织进行绑定，这种明确目标的方式可以调动员工的工作积极性，也可以借助系统来随时记录和查看目标完成情况。绩效计划创新主要是借助大数据背景下的指标体系创新实现的，其能够将企业人力资源绩效管理提升到战略层面，通过大数据能够算出相应的素质模型，进而保障员工与岗位高度匹配，能够强化员工与岗位工作绩效的提升。

（三）创新绩效考核管理方式

在大数据时代，各行各业都在飞速发展，企业必须具备一定的创新意识，跟上整个行业的发展步伐。解决绩效考核问题，也需要从创新的视角来寻找方法。一方面，利用大数据技术对企业员工的岗位胜任能力进行评价。人力资源部可以利用大数据技术，对员工的职业技能、创新意识等方面进行考核，并根据考核结果构建员工能力素质模型，从而找出员工实际工作中的不足，然后开展针对性的培训。另一方面，要强化企业的绩效考核管理。企业必须建立一个清晰的绩效管理目标，把人力资源绩效的年度指标和季度指标录入信息系统，对员工的状况进行全面的了解。

（四）大力优化员工激励方法

通常来讲，企业在实施人力资源绩效管理时，员工激励管理方法的重要性十分明显，在过程中应及时运用行之有效的措施来创新员工激励模式，确保激励方式更加多样且丰富。有效的激励可以确保员工在企业发展中明确自身价值，使其更好地克服工作中的困难，并且积极主动地参与工作，使其树立责任意识与创新意识，为企业发展做出更多的贡献。

在大数据背景下，员工激励可以借助大数据来建立激励云系统，因为影响企业人力资源管理激励的因素较多，因此，需要采取多层次、多维度的激励方式。针对激励云系统的构建，可在系统中录入员工学历信息、工作经验等数据，再将之与员工的日常行为进行融合，借助云端技术来定向挖掘及分析数据，这样的方式可以提升企业人力资源管理的有效性。

（五）完善绩效管理反馈机制

企业人力资源绩效考核结果不仅与员工薪酬福利、岗位调动等重要方面紧密相关，关系到绩效管理工作的公平公正与真实客观性，还关系到员工对企业的信任与认可程度。因此，每一次绩效考核结果都要明确告知员工。如果员工对本次绩效考核结果提出质疑，可以向人力资源部门进行咨询或者申诉，以示企业对员工劳动权利的尊重。如果经人力资源部门调查取证之后，确实存在人为计算失误、量化评分不合理等问题，需要针对之前的考核结果进行重新修正，以免员工利益受损。另外，全体员工在知晓个人绩效考核结果之后，要及时进行自我反思，思考近期工作是否存在问题，进而有针对性地进行自我提升与自我完善。例如，从事技术岗位的员工，要主动学习与本岗位相关的新技术、新知识与新理念，尽快提升自身的专业水平与实践能力；管理岗位人员要主动学习和借鉴优秀管理案例，积极探索管理创新路径等。对企业人力资源部门而言，要结合绩效考核结果对人才任用情况进行适应性调整，或者通过职业晋升、表扬嘉奖等方式对优秀员工给予认可，最大限度地发挥绩效管理的作用与价值。

（六）完善人力资源绩效考核内容

目前，我国市场现存的多数企业规模相对较大，企业在实际发展过程中所涉及的部门和岗位种类也相对较多，因此绩效考核所涉及的内容相对复杂，对于其最终质量和效率造成影响的环节较多，几乎涵盖企业内所有岗位以及所有员工，因此有必要对绩效考核的内容进行完善，从而确保考核内容的全面性和可行性。首先，需要企业内人力资源绩效管理相关工作人员对于企业的实际发展形势有全面的了解，在此基础之上对企业的晋升机制、薪酬制度、人力资源结构以及人事调动等实现动态把控，并根据企业的整体发展方向和发展目标，对考核内容进行合理设置，提升绩效考核的完善性以及系统性，充分发挥绩效考核在企业发展中的重要作用。绩效考核是绩效管理中最重要的一项工作，这就要求企业加强对绩效考核指标设置工作的重视，根据员工所在岗位及工作内容设置差异化的考核指标，保证考核指标设置的科学性和公平性。其次，绩效考核指标的设计要具有全面性，做好横向与纵向的比较，对员工的表现进行量化处理。另外，在完善绩效考核内容方面，企业要加强绩效考核反馈结果的应用，及时将绩效考核结果告知员工，使员工认识到自身工作存在的问题，并不断地进行改正，不断提高员工的绩效水平和工作能力。

（七）建立人力资源绩效管理文化

要想让优化后的人力资源绩效管理系统在企业中顺利、高效地实施，离不开相应的企业文化支撑。要想建立企业人力资源绩效管理文化，需要企业高层领导和各部门管理人员重视，统筹推进人力资源绩效管理文化的建立。

建立、完善人力资源绩效管理文化，需要做好宣传和培训这两个方面工作。宣传让人力资源绩效管理文化深入人心，让所有员工能够自觉和企业向着同一个目标努力，利用各种途径，包括企业微信公众号、内部刊物、告示板等方式，积极宣传人力资源绩效管理理论、企业的绩效目标、人力资源绩效管理体系的内容等，让员工感受到人力资源绩效管理文化的氛围。定期组织员工进行人力资源绩效管理培训，让员工主动学习相关理论知识，同时也要有针对企业实际的人力资源绩效进行管理培训，理论和实践相结合，让员工准确掌握优化后人力资源绩效管理的精髓。

通过对人力资源绩效管理的大力宣传和培训，建立起完善、积极的人力资源绩效管理文化，提升员工的责任感、归属感，最终在此支撑下，优化后的人力资源绩效管理系统能够顺利、有效地实施。

（八）创新人力资源绩效管理制度

随着信息技术的不断发展与进步，在进行内部人力资源绩效管理时，企业应该把实现自身的最终战略作为目标，使员工个人目标与企业最终战略目标相统一，实现企业与员工的合作共赢。没有规矩不成方圆，企业在进行人力资源绩效管理时，必须制定有效的绩效管理制度，只有这样才能规范绩效管理方面的工作，并且对员工的工作行为进行约束。因此，为了确保企业各项工作的顺利完成，企业需要制订有效的管理制度。制订绩效管理制度可以有效提高员工的工作积极性，从而提高他们的工作效率，促使员工更高效地完成各项任务。当前，信息技术发展迅速，为了能够更全面地了解员工的工作经验、专业知识掌握程度以及技能水平等信息数据，企业可以加强对大数据的应用，同时根据这些信息数据来对现有的绩效管理制度进行优化和创新。除此之外，企业还可以辅以相应的实施细则，如激励机制等，最大限度地激发每一位员工的工作热情。同时，企业还可以根据自身的具体情况，搭建内部的网络平台，员工不仅能够通过平台全方位地了解绩效考核内容，而且可以通过该平台查看最终的考核结果。另外，员工也可以通过内部网络平台讨论绩效方面的内容，为了充分发挥网络平台的作用，企业可以建立留言意见区，员工如果对企业的经营管理有任何建议或者意见，都可以在上面留言，这种方式能够让企业的管理更加人性化。

（九）推进人力资源绩效管理队伍建设

人力资源绩效管理队伍建设可以从以下三方面开展。第一，针对绩效管理人员开展思想教育，使其意识到绩效管理工作的重要性，并能在工作实践期间积极推进绩效管理的优化，认真履职，避免在绩效管理期间陷入形式主义的泥潭。第二，强化绩效管理人员的业务水平，针对绩效考核、分析及评估等业务展开专项培训，提升绩效管理的效率和质量，帮助其他员工根据绩效结果实现工作优化。第三，强化绩效管理人员的职业道德教育，帮助绩效管理人员放下"人情世故"的思想包袱，避免同事关系影响绩效考核，以突出的职业道德提升绩效管理实效。

第三节 战略性人力资源绩效评价

一、绩效评价相关概念

（一）绩效评价的含义

绩效评价是指企业通过定性、定量对比分析，按照系统的评价指标和程序进行评价，通过数理统计学、运筹学等方式，运用具体的指标体系，对企业的效益做出真实和精确的判断。企业管理者在决策时能够借助绩效评价，引导企业改善运营水平，提高企业效益。绩效评价是企业长期发展战略目标中不可分割的环节，对企业进行正确的战略决策、提高企业的运营效率具有重要意义。评价的主体和客体之间要联合建立目标关系，依据确定的评价指标对客体进行评价，判断主体状态，检验评价结果，最终预测企业未来的经营状况。

（二）绩效评价的要素

企业绩效评价的组成要素主要有评价主体、评价目标、评价标准、评价方法等，指标设计是整个评价工作的重要基础。

1.评价主体

评价主体是与企业经济利益密切相关的各种对象，包含政府行政部门、企业内部管理人员等。如果被评价的对象不一样，评价的出发点也多少会有所不同。在进行绩效分析时，评价主体应审慎地对待所评估的内容和过程，使整个绩效评价体系科学合理。

2.评价目标

评价目标是企业绩效评价的关键,所有的绩效评估行为都是评价目标的内容,而企业绩效评价目标的确立,又必须以服务企业为目的。因此,在设立评价目标时,要以企业目标为导向,同时为了能够评价绩效,需要调整各种利益相关方的利益和诉求,使评价目标与企业的总体目标一致。

3.评价标准

评价标准是测定评价对象优点和缺点的基本值。评价主体在评价过程中会进行微调,但在规定的范围内通常会制定评价标准。在实践应用时,不必注重单一的评价标准,而尽量将不同类型的标准组合使用,以充分发挥绩效评价的功能。

4.评价方法

评价方法以准确的评价标准和指标为基础,正确可行的评价方法是至关重要的,评价方法的使用对评价结论有深远影响。

(三)绩效评价的目的

企业绩效评价是人力资源管理中的重要组成部分,是其他管理工作的源头和核心。以前绩效评价的目的是对员工进行日常的绩效考核,但现代的绩效评价需通过对员工进行客观评价的同时实现人力资源的合理开发和利用。通过跟人、团队和企业的紧密配合,提高人力资源使用效率,进而实现企业的战略目标,现在的绩效评价是以促进人的全面发展为核心。企业绩效评价的目的主要有三个:监测战略和目标的执行情况、发现问题并寻找组织的绩效改进点、公平合理的评价员工并给予报酬。通过企业绩效的综合评价,能够对企业一定时期的经营成果和发展能力做出客观、公正、准确的具有综合性的评价和解释。同时根据得出的评价和解释制定相应的策略和措施。此外,基于利益相关者理论的企业绩效评价应以企业价值最大化为核心,从而最大限度地实现各利益相关者利益最大化。

(四)绩效评价的方法

考虑到企业绩效评价的特点和企业复杂的市场定位,企业在选用方法时应当考虑三个基本原则:科学合理、全面系统及便于操作。常用的评价方法有杜邦分析法、经济增加值法、沃尔评分法、平衡计分卡等。

杜邦分析法是一种分析财务指标之间关系的逻辑,综合判断企业财务状况,以权益净利率为基础，并将其分解为多项指标的乘积，以评价企业情况的方法，主要从财务角度评价企业业绩，但这种方法过于重视短期财务结果，容易忽视企业长期价值。

经济增加值法是指企业通过加强经济增加值指标的应用，帮助企业绩效管理人员及时发现生产经营上存在的问题，进而采取积极措施强化管理工作，确保企业的经营活动能够带来合理的利润回报。经济增加值法通常与其他分析方法相结合，如关键绩效指标法、平衡计分卡等。经济增加值法难以衡量企业长远的战略价值。

沃尔评分法最早由美国学者亚历山大·沃尔（Alexander Wole）提出，沃尔选取了七个财务指标，依次给出权重，确定为标准比率，将指标用线性关系相结合，从而衡量企业的总体财务状况。但沃尔评分法存在指标缺乏证明力、指标选择不全面、评分计算方法不合理等缺陷。

平衡计分卡是目前公认的一种较为全面、科学合理的绩效评价方法。它一方面将财务指标与非财务指标进行有机结合；另一方面还融合了绩效评价与企业的战略目标，能够使企业绩效水平得到全面提升。

（五）绩效评价的理论基础

关于绩效评价的理论有很多，下面只讨论与企业绩效相关的几个理论。企业能力是企业绩效的来源和关键因素，绩效评价最直接的动向是兼顾各利益相关者的利益。在此所涉及的绩效评价主要的理论基础有如下几点。

1.委托代理理论

委托代理理论重点研究最优契约形成过程中的风险分摊与决策等问题。该理论认为代理问题是剩余索取权的性质问题。学术界普遍认为，代理成本产生的原因在于企业所有者与管理者之间存在着不完全契约关系，在经营不确定的情况下，代理成本必然存在。

2.利益相关者理论

利益相关者理论主张企业是一个利益综合体，而利益综合体由不同的利益相关人组成，这些利益相关人在企业的存续时间内，会对企业的经营成果造成一定影响。这些利益相关人需要对企业进行绩效评估，以确保其所投入的资源具有安全性和收益性。这种评估方法往往是为了对企业实现有效地控制，或为决策服务。

3.战略管理理论

战略管理理论认为，整个战略管理过程是可控的、有意识的、标准化的，所以企业管理者要制订战略规划、界定企业目标，并明确实施战略规划所要采取的行动。在战略管理中，运用战略进行业绩评价可以为企业构建出一套绩效评价体系。战略管理理论是业绩评价的重要理论基础。

4.人力资本理论

人力资本理论是新古典经济学派的创始人阿尔弗雷德·马歇尔（Alfred Marshall）所提出的一套目标激励理论，他认为在所有的资本投入中，对人的投资是最具价值的。它强调了企业管理人员在绩效评价中的重要作用，帮助企业员工制定绩效目标，使员工的工作效率得到极大提高，通过倡导管理者正向激励员工，积极培养团队意识,组织目标实现个人价值最大化,最终实现整体效益最大化。

二、人力资源绩效评价现状

（一）评价目的简单

从理论上来讲，人力资源绩效评价的目的应该是多元化的，不仅要为升职加薪等提供必要的参考依据，也应该为员工自身的发展提供相应的指导。但是，当前绩效评价的目的往往比较单一，将绩效评价简单地等同于对员工的打分，作为奖金发放的依据，使得绩效评价的作用难以有效发挥。

（二）评价指标偏离

当前企业在人力资源绩效评价时，对于评价指标的设置通常会比较烦琐，难以突出重点和关键，不仅会分散员工的注意力，也不能有效提高员工的工作绩效。管理需要做到全面和细致，但是过于重视细枝末节，则会分散管理人员的注意力，加大管理成本，同时也无法准确判断员工的发展潜能，影响企业的核心竞争力。

（三）评价方法误用

在不断的发展过程中，对于人力资源绩效评价的方法也由传统自上而下的单向评价逐步转变为360度全方位评价，这是绩效评价方法上的巨大进步。但是，在实际应用中，许多企业对其存在错误的理解和应用：一种观点认为这种方法不仅费时费力，而且评价主体的多元化可能影响结果的可靠性；另一种观点则认为考核主体的多元化可能会造成企业内部人际关系紧张，如果缺乏优秀文化的引导，很容易出现利用绩效考核相互报复的情况。

三、战略性人力资源绩效评价的实施策略

（一）制定行之有效的战略目标

企业在发展过程中，想要占据竞争优势，就必须制定行之有效的战略目标。为此，企业需要考虑自身的发展特征、企业特点以及行业发展规律等多方面内容，并客观地判断行业今后发展方向，制订行之有效的战略规划。战略规划能够在一定程度上决定企业今后的发展。因此，企业应该将发展规划作为立足点，明确自身进一步的发展方向。只有将企业战略进行精细划分，才能够较为有效地降低企业在发展过程中出现风险的概率，使企业获得更加长期稳定的发展。

（二）制定适宜的人力资源绩效评价制度

人力资源绩效评价制度需要考虑企业的现实发展需要以及结构组成。进行评价较为简单，不需要过于烦琐的流程。在明确考核标准时，需要根据不同部门以及不同岗位的工作任务，有针对性地进行，科学、公正地分析员工的工作水平，确保其能够较为认可评价考核制度，在这个过程中，还应该将绩效评价体系和奖惩制度相联系，对于一些工作较为积极主动、效果较好的员工进行鼓励，对于工作过程中出现问题的员工进行严肃处理。

第六章　战略性人力资源薪酬管理

在企业的人力资源管理过程中，除了要对员工进行必要的管理以外，对于薪酬方面的管理是十分必要的，因为这与企业、员工都具有密切相关的联系。本章分为薪酬与薪酬管理、薪酬战略及其模式、战略性薪酬体系设计三部分。

第一节　薪酬与薪酬管理

一、薪酬

（一）薪酬的定义

不同国家、学者对薪酬有不同的定义。乔治·T.米尔科维奇（George T. Milkouch）将薪酬定义为劳动者在雇主那里得到的经济性及非经济性薪酬的总和。

对企业来说，薪酬是企业管理成本的重要组成部分，而且薪酬激励的效果关系到企业能否吸引并留住人才。将企业的发展与员工的成长结合起来，是薪酬管理的重要部分。

对员工来说，薪酬是实现基本物质需求的保障，是追求精神需求的基础，具体体现为生活保障功能、投资自己的经济功能。

对社会来说，薪酬为社会劳动力价值的体现，对市场劳动力的流向及供需平衡有着一定的调节功能。

（二）薪酬的组成

1.基本薪酬

基本薪酬是稳定性最高的报酬，多是企业根据员工所在岗位的工作性质或者根据员工完成交付工作的技能向员工支付的报酬。基本薪酬的管理设计必须考虑内部公平性和外部公平性，薪酬的内部公平性是指员工以本企业中与自己岗级低、岗级相同、岗级更高的员工所获得的薪酬为基准，与自己所得薪酬进行对比后的结果。薪酬的外部公平性是指员工会以其他企业中从事与自己差不多或同样工作的员工所获得的薪酬为基准，与自己所得薪酬进行对比后的结果。内部公平性要在经过岗位评价后才能确定岗位薪酬等级，外部公平性则必须要做薪酬调查。

基本薪酬的管理程序应该以岗位分析、岗位评价和薪酬调查齐头并进为前提，把岗位评价和薪酬调查结果融为一体，相互结合，建立薪酬曲线，最后根据薪酬曲线确定薪酬等级。

2. 绩效薪酬

绩效薪酬是报酬中的变动部分。如果员工超额完成了工作或工作业绩十分突出，企业支付给员工的奖励性报酬就是绩效薪酬，以此鼓励员工既要高效率又要高质量地投入工作。以业绩为基础的绩效薪酬，会根据员工业绩的不同而变化，是有多有少的，也是除了基本薪酬以外的收入，能反映出各个员工间、岗位间高低不一的绩效水平。它既有固定的"保健"部分，又有变动的"激励"部分，"保健"部分为员工提供稳定的保障，同时也发挥激励员工主动性和积极性的作用。

3. 福利

福利一般是"普惠性"的，具有"平均主义"的性质，与员工的绩效表现关联度不高，而且有些福利项目是潜在性的高成本项目，初期发放时并不凸显，时间愈长才慢慢凸显高成本的特点。员工福利的计算单位并不是用工作时间衡量，也一般不以现金的形式来计算、发放，多以法定福利和企业自主福利的形式呈现，常见的法定福利是"五险一金"（养老保险、失业险、医疗险、工伤险、生育险和住房公积金），常见企业自主福利是企业年金和企业补充医疗计划，就是企业员工医疗互助合作。现在随着薪酬管理的进步，在福利"普惠性"的基础上，人们在薪酬管理中愈发关注福利的"特惠性"和由"特惠性"引发的差异性和激励性。

二、薪酬管理

（一）薪酬管理的概念

企业在薪酬管理过程中，必须以薪酬体系、薪酬水平、薪酬结构等为出发点，做出决策和加以实施。

1. 薪酬体系

薪酬体系是企业内部人事制度中的一个重要组成部分，包括基于市场、职位价值、能力、绩效不同关键点的薪酬体系。一套完善的薪资系统将会与企业的策略计划紧密相连，这样，员工就可以将自己的精力和行动聚焦于协助企业增加在市场上的竞争力。薪酬体系管理，也就是在何种程度上应该对全体员工进行补偿决定，由谁来设计和管理薪酬系统，以及怎样制订和设计薪酬管理的预算、审计和控制系统。

2. 薪酬水平

薪酬水平是企业内各种岗位、员工的平均薪酬水平，也是企业外部竞争力的体现。薪资水平是企业与本地的薪资市场和同业的绝对报酬相比的。该模型的计算方法：薪酬等级＝总薪酬／在职职工数量。薪酬水平管理，是指在员工绩效、能力、行为等方面，根据员工的绩效、能力、行为等进行动态的调整，其中包括管理、技术、市场等部门的报酬、外派员工的薪酬标准、稀有人才的薪酬标准等。薪酬水平的定义为企业内部不同岗位以及企业整体的平均薪酬的情况，能够展示出企业薪酬所具备的外部竞争性以及成本等各种因素。

3. 薪酬结构

薪酬结构即企业内部各类工作或岗位薪酬的比率，包含各个层级的薪酬差别的比率，以及各个层级的薪酬差别的绝对程度。亦即企业整体薪资中所包括的固定部分报酬（以基础薪资为主）及变动部分（以红利及业绩报酬为主）之比率。薪酬结构管理，即薪级的合理划分、合理的等级和等差的确定。薪酬结构的定义为企业内部薪酬等级数量，包括各个级别的变动范围，其能够展示企业内部不同职位薪酬的差异，对员工来说，是具有一定意义的。

（二）薪酬管理的相关内容

1. 薪酬管理的基本原则

薪酬管理工作的展开，要遵循一定的原则，这样才能保证薪酬战略制定、薪酬制度完善、薪酬体系设计，以及具体的薪酬管理环节可以有效解决企业的薪酬分配问题，使薪酬管理发挥应有的效用。

（1）公平原则

公平不仅仅是薪酬管理的发展目标，公平原则还是薪酬管理遵循的根本原则。这其中的公平性是指企业在展开薪酬管理时，要考虑员工心理层面的公平感、认同度、满意接受程度。具体是指员工对外部公平性的感受（员工对外部同类企业同岗位进行薪酬对比后产生的公平感），员工对内部公平的真实感受（员工对企业运营管理内部其他同种类型等级职位展开薪酬对比后产生的公平感），员工对制度运行公平性的感受（员工对企业规章制度和政策执行过程的公平、公正、公开、严格性的感受）。

（2）竞争性原则

竞争性指企业如果想要吸引市场中的优秀人才，就要采取在市场中具有相对竞争先手优势的薪酬战略，用更具备竞争综合实力的薪酬来吸引专业人才。不过竞争性原则并不一定要采取高水平的薪酬，而是在考虑弹性、灵活性、节约成本的基础上，有效综合经济性和非经济性薪酬，来提升企业薪酬的竞争力。

（3）激励性原则

薪酬是企业用来激励员工的首要方式。因此，企业的薪酬及薪酬策略要在一定程度上激发员工的积极性和责任心，这样才能体现出薪酬及薪酬策略的激励性。当然，激励既可以体现在货币薪酬上，也可以体现在其他方面，如企业安排的休假、培训深造机会等。因此，不一定非要用高薪酬来激励员工。

（4）经济性原则

经济性原则指企业在做薪酬管理时，要深入思考企业本身的运营实际状况、财务实际情况和薪酬承担能力，高效配置人力资源，将有限的财务资源用到需要的地方，进而使企业有限的薪酬支出发挥更好的效用，实现人力资源费用的最优化。

（5）战略性原则

企业薪酬管理工作的执行，要依据企业的战略目标和规划而抉择。在明确企业战略目标和规划的前提下，薪酬管理工作才能有效配合战略的缓急轻重，让企业的薪酬管理工作发挥更大的效用。

2.薪酬管理的影响因素

（1）外在环境因素

外在环境因素主要包括政府规章制度、人才市场饱和度、市场薪资水平以及社会发展水平等。

①政府规章制度。政府规章制度是企业制定薪酬管理体系遵守的最基本前提，也是员工劳动权益的基本保障，因此企业管理者在制定薪酬管理体系时，应严格遵循政府制定的规章制度，如员工薪酬不得低于地方规定的最低工资标准等。

②人才市场饱和度。人才市场饱和度是企业制定薪酬管理体系的重要考量因素，一般而言，若市场工作岗位饱和度较高，那么企业愿意支付岗位工资价格将较低，若市场上工作岗位饱和度较低，岗位人才缺口较大，那么企业愿意支付岗位工资则较高。

③市场薪资水平。市场薪资水平不仅是企业制定薪酬管理体系的重要参考标准，也是员工衡量薪酬满意度的标准。企业薪酬制定时往往会以该岗位市场薪资水平作为参考，高于市场薪资水平的薪酬对于人才具有更大的吸引力，若岗位薪酬标准严重低于市场薪资水平，企业人力资源将流失严重。

④社会发展水平。地区的薪酬水平往往与地区发展水平存在正相关关系，地区的发展水平越高，该地区岗位工资相比于其他地区岗位工资更高。如上海、广东等地区的薪酬水平标准比西部地区薪酬水平标准高。

（2）企业内部因素

影响薪酬管理体系的企业内部因素，主要包括企业规模与财务能力、企业发展战略、企业管理者因素等。

①企业规模与财务能力。企业规模与财务能力往往与企业盈利水平相关，企业规模越大，财务能力越高，其盈利水平也越高，对于员工薪酬制度的制定也更为宽松；若企业规模较小，财务能力较弱，那么在员工薪酬给付方面也将更为紧凑，不利于人才储备。

②企业发展战略。企业发展战略具有导向性，企业制定薪酬管理体系时应着眼于战略导向，能够在一定程度上提高相应部门的工作积极性。

③企业管理者因素。薪酬管理体系的建立受管理者对员工认知影响较大，如认为员工更看重经济报酬的管理者，与认为员工不仅依赖经济报酬，还依赖企业环境、社会认可度等的管理者，建立的薪酬管理体系差别较大。

（3）员工个人因素

员工个人影响薪酬管理体系的因素主要包括员工工龄、学历、职业素养等。一般而言，员工工龄越高，其对企业忠诚度越高，其得到的薪酬也相较更高。同样地，员工学历、职业素养也与薪酬工资正相关，员工学历越高、职业素养越好，能够得到的薪酬也将越高。

（三）薪酬管理的相关理论

从如同一条发展长河的薪酬管理理论演变的过程中可以看出，从初期的薪酬管理、近代的薪酬理论，到后来的战略薪酬管理，薪酬管理主要体现为社会发展、人类需求、经济发展等各方面的视角和路径，对薪酬的影响机制进行了深入的探讨。以下是对人类的经济和社会具有较大影响的薪酬管理理论。

1. 人力资本理论

美国经济学家西奥多·舒尔茨（Theodore Schultz）和加里·S. 贝克（Gary S. Becker）于 20 世纪 60 年代创立了人力资本理论，在人力资源管理的基础之上，重新概括了人类生产能力的定义。人力资本理论开辟了一个全新的思路，对资本来说，具有突破性的主要观点：要综合人的管理与资本投资回报两大维度分析，要有效结合人力资本与物质资本。该理论指出，包含其他有效证券、土地、厂房及机器、原材料和货币在内的资本都属于物质资本；而人力资本则是非物质资本，如人身具备的劳动与管理技能、生产知识和健康素质的总的体现。

2. 工资差别理论

古典经济学的创始人亚当·斯密（Adam Smith）是工资差别理论的代表人物。在完全竞争状态的市场上，不同行业和企业之间的工资水平从理论上推断，应该是在一条水平线附近，但实际上，工资差别是普遍存在企业内外的。亚当·斯密认为不同的"职业性质"和工资政策会造成不同职业和雇员之间的工资差别。不同的职业性质从五个方面造成工资差别：劳动者对工作愉悦程度的心理感受不同、职业技能掌握难易程度不同、职业安全程度不同、担负的责任不同、成功的可能性不同，那些使劳动者不愉快、学习成本高、不安全、责任重大、失败风险率高的职业，要付给高工资，反之，则付给低工资。

3. 薪酬决定理论

（1）供求均衡薪酬理论

英国著名经济学家阿尔弗雷德·马歇尔认为，薪酬是由劳动力的供给价格与需求价格平衡之后的结果[1]。劳动力的供给价格由劳动者维持生活的费用决定，劳动力的需求价格由劳动者的边际生产力决定。

（2）效率工资理论

西方新凯恩斯主义流派提出工人工作的效率与其工资具有一定的相关性。工

---

[1]　阿尔弗雷德·马歇尔. 经济学原理［M］. 北京：商务印书馆，2019.

人的劳动生产率是工资率的增函数。劳动生产率与付给工人的工资水平成正相关性，工资越高，工人就越努力付出自己的劳动力，越少消极怠工，因此，雇主所获得的利润也就越高①。

4. 全面薪酬理论

全面薪酬理论是人力资源管理专家、心理学家爱德华·劳勒（Edward E. Lawler）于1971年提出来的。全面薪酬理论表明企业付薪与企业的经营战略有紧密关联，阐述了薪酬要素与绩效之间的关联，企业为了达成组织的战略目标，可以通过薪酬管理来对员工做出相应的激励②。

全面薪酬分为外在薪酬和内在薪酬。员工为企业付出了自己的劳动，企业需要支付给员工的劳务报酬属于外在薪酬，包括经济性薪酬和非经济性薪酬两类。经济性薪酬包括了诸如基本薪资、绩效薪资、现金奖励等短期激励，也包括企业分红、股票期权等长期激励，还包括社会保险、节日津贴等各种福利。非经济性薪酬的内容较多，包括工作挑战性、趣味性，领导的个人风格、友好和睦的工作环境，组织在业内的领先地位、组织在业内的品牌影响力等。非经济性薪酬能够给员工带来长时间的激励和工作满足感。

与外在薪酬不同的是，内在薪酬主要表现在员工在社会地位、心理感受等方面的回报，是指员工内在的心理收益。当员工在工作特性、工作意义、工作多样性、决定权和反馈都能得到满足时，员工的心理状态就会得到改善，从而对企业表现出一定的忠诚度、积极的工作态度甚至是优异的工作成绩。

科学的薪酬管理体系是企业得以生存发展的基础。从全面薪酬理论的阐述中，我们不难发现，科学的薪酬体系能够兼顾企业与员工双方利益，在以达成企业的战略目标为前提下，可以通过各种方式最大限度地激励员工，促使其发挥主观能动性和激发创新力，从而提高企业核心竞争力，实现互利双赢。

（四）薪酬管理的公平性要求

薪酬的个人公平性是指员工以本企业中与自己从事差不多或同样工作的员工所获得的薪酬为基准，与自己所得薪酬进行对比后的结果。如果是多劳多得，则员工认为是公平的。如果与从事差不多或同样工作的员工进行比较，无论其绩效是优秀、一般还是不合格，但是都能拿到大体相同的薪酬，那么不公平感就产生了。

---

① 刘岩.西方效率工资理论研究及启示［J］.生产力研究，2008.
② 王涛.基于全面薪酬理论的新生代知识型员工激励策略探析［J］.全国流通经济，2020（19）.

薪酬管理过程的公平性是指公开、透明地进行薪酬决策，并由此制定相关的薪酬制度。这个过程增强了员工对企业的归属感，也会使员工产生对企业薪酬公平性的认同感，从而增加薪酬体系实施的有效性。

三、战略性薪酬管理

战略性薪酬是指能够提高员工的工作积极性、促进员工的成长发展，并使员工的努力奋斗与组织目标、经营战略和价值导向相符的薪酬。战略性薪酬的本质是将企业薪酬体系的构建与企业发展战略有机结合起来，并成为实现企业发展战略的重要杠杆和有力措施。战略性薪酬强调薪酬体系为企业的发展提供具有前瞻性、有效性的战略支撑。战略性薪酬既为所有员工设计了一般意义的激励薪酬，也为企业战略关键部门和核心骨干人员设计出差异化的薪酬体系与薪酬政策，为企业实现长远高质量发展提供战略支撑。

战略性薪酬管理作为人力资源管理的一项重要职能，只有承接好企业发展战略，从战略角度进行薪酬制度的系统化设计，才能发挥薪酬管理效用的最大化。

（一）战略性薪酬管理提出的背景

20世纪90年代以来，经济全球化、新经济、企业重组、流程再造等使得企业处于更加严峻和激烈的市场竞争环境中。为了获取竞争优势，企业不仅需要降低成本，还要充分利用人力资源，薪酬管理恰好具备了这样的功能。当今，很多管理职能都被赋予战略性，在人力资源战略性地位的提升、薪酬管理环境的不确定性、薪酬管理权限和权能的扩大以及转变"唯技术论"薪酬管理的背景下，战略性薪酬管理的提出，引起了学术界、教育界和企业界的普遍关注。

（二）战略性薪酬管理的内涵

战略性薪酬管理是现代人力资源开发管理体系的重要组成部分，主要从企业战略层面研究并实施薪酬管理，并配合或支持组织全盘、长期、更好地实现发展目标。战略性薪酬管理是指对组织绩效具有关键性作用的薪酬管理模式，能够使员工的努力与组织的目标、理念和文化相契合，进而促进个人与企业的共同发展。

薪酬理论的发展及薪酬管理的实践表明，战略性薪酬管理是将企业薪酬体系构建与企业发展战略有机结合，依据企业发展战略，根据企业面临的经营形势，系统设计薪酬体系，正确选择薪酬策略，来促进企业战略目标的实现。

（三）战略性薪酬管理的特征

战略性薪酬管理的特征主要包括以下三个方面。

首先，战略性薪酬管理是与组织总体发展战略相匹配的薪酬决策管理。薪酬战略作为组织总体战略系统的一个子战略，承接组织的战略目标，保持与组织发展战略方向相一致，同时也能够反映组织发展趋势，体现组织不同发展阶段的特征。

其次，战略性薪酬管理是一种具有长期性、总体性的薪酬决策与薪酬管理。长期性指这种薪酬决策与管理模式的构建在考虑组织现状的同时，还要考虑组织长远发展趋势，适应组织长期发展需要。总体性指它不仅仅针对某些部门、某些人员的薪酬决策与管理，而是统筹整个组织的薪酬，从总体上构建的一个系统性的决策与管理模式，具有动态发展的特征。

最后，战略性薪酬管理对组织绩效与变革具有关键性作用，主要体现在强化对员工的激励，激发员工的积极性和创造力，增强组织外部竞争力，强化组织团队的凝聚力，提高薪酬成本的投入产出效率。

（四）传统薪酬管理与战略性薪酬管理的区别

1.薪酬管理观念不同

传统的薪酬管理将支付给员工的薪酬视为一项成本支出，持有短期思维的管理者不愿在员工的薪酬上进行投资，长期的人力资本投资较少，甚至没有。战略性薪酬管理在管理观念上发生了重大变革，将"人"视为组织最有潜能、最能创造价值的资本，致力于通过提升薪酬水平、优化薪酬结构、完善薪酬政策等措施提升企业的长远发展效益。

2.激励效果不同

传统的薪酬管理以人定岗、按岗定薪，薪资的浮动空间很小，对于员工的激励效果有限，无法体现不同员工劳动贡献的差别，很大程度上陷入"干多干少一个样，干好干坏一个样"的循环，严重挫伤了员工的工作积极性。而战略性薪酬管理以战略为中心和出发点，与企业的经营战略以及各项职能战略紧密衔接，重视员工的价值和贡献，关心员工的需求，尊重员工的意见，所以能够对员工起到较强的激励效果。

3.薪酬发放标准不同

传统的薪酬管理在这方面存在两个问题：其一，薪酬发放标准由企业高层管理者决定，绩效考核结果与薪酬计发依据很大程度上相脱节；其二，薪酬计发标准的可操作性不强，如传统的薪酬管理也将员工的工作能力作为核算薪酬的一大标准，但在如何评价员工能力上却缺乏切实可行的方法和措施。战略性薪酬管理以企业长远战略规划为出发点，考虑企业的长期发展利益和竞争方向，薪酬发放标准也能体现企业的战略目标，目标经过层层分解，能够具体到每位员工身上，员工清楚地了解为了实现战略应该做出的努力。

4. 薪酬体系要素不同

传统薪酬管理重点考虑能用货币衡量的经济性报酬因素，满足了员工物质上、生理上的需求，但员工个人成长、工作成就感等需求没有得到满足，企业管理者没有考虑员工更高层次的需求，长此以往，容易导致员工不满意度上升、工作效率下降。战略性薪酬管理则在很大程度上改善了这种情况，企业管理者除了关注经济性报酬之外，更要关注员工晋升、培训与成长机会等非经济性报酬，满足员工更高层次的需求，通过调整薪酬制度、完善薪酬体系要素不断与员工变化的需求相契合。传统薪酬管理与战略性薪酬管理的主要区别见表6-1。

表6-1　传统薪酬管理与战略性薪酬管理的主要区别

比较项目	传统薪酬管理	战略性薪酬管理
管理观念	视薪酬为一项成本支出	将薪酬作为一项长期的人力资本投资
激励效果	弱	强
薪酬发放标准	不够清晰，操作性不强	以战略目标为依据
薪酬体系要素	只考虑经济性报酬	全面考虑经济性报酬与非经济性报酬

第二节　薪酬模式

薪酬是人力资源管理进行博弈的主战场，设计一个让大部分员工满意、符合企业发展需要的薪酬模式是非常重要的，因此在薪酬模式的选择中，应该着重考虑模式的适用性，也就是考虑模式适用的薪酬体系。

现有的薪酬模式包括协议制薪酬模式、薪点制薪酬模式、等级薪酬模式、传统薪酬模式、宽带薪酬模式、能力薪酬模式、KSF全绩效薪酬模式等。薪酬模式的选择主要考虑六个维度的因素：一是行业性，二是企业发展期，三是企业组织形式，四是市场薪酬水平及消费水平，五是工作说明书，六是政府规定。

本节主要对传统薪酬模式、宽带薪酬模式、KSF全绩效薪酬模式三种代表性模式做深入阐述。

一、传统薪酬模式

我国企业中普遍使用的便是传统薪酬模式，传统常用的薪酬模式：固定工资制、底薪+提成制、年薪制、绩效工资制。在企业当中，不同发展时期、不同岗位采用的模式也有所不同，更多企业是采用组合式薪酬模式。

固定工资制，也称岗位工资制，其支付依据主要是依据岗位价值，一般是企业中的行政职能部门采用此制度，如出纳专员、库管专员、采购专员等。

底薪+提成制，在中小企业中很常见，同时适用岗位比较普遍，如销售员、收银员、服务员等岗位，底薪的设置保障了员工的基本生活需求，提成的多少也侧面反映出员工的个人贡献以及价值。同时依据不同岗位之间的价值区别该模式也细分出三种，具体分为"高底薪+高提成""低底薪+高提成""高底薪+低提成"。

年薪制，主要出现在一些中大型企业的岗位中。适用岗位主要是管理高层，如CEO（首席执行官）、CFO（首席财务官）或技术型人才等。该岗位的特征是任期长、属于核心岗位且着重于企业的长期发展。

绩效工资制，属于当前薪酬模式中比较先进的薪酬模式，但更多的企业还是采用传统的底薪+提成制。或者绩效考核单纯只是针对销售额或者营业利润。其支付依据主要是按照绩效奖金的多少。

这几种薪酬模式的利弊分析如表6-2所示。

表6-2 常见薪酬模式利弊分析

薪酬模式	支付依据	适用对象	优势	劣势
固定工资制	岗位价值	管理层岗位、二三线岗位的职能部门	简单明了、易操作、员工有安全感	号称"死工资"、刚性强、宜涨不宜降、加工资比较难、加薪幅度较低，员工之间易产生攀比之风

续表

薪酬模式	支付依据	适用对象	优势	劣势
底薪＋提成制	月销售业绩	销售型、业务型岗位	根据销售结果核算工资，直截了当，在中小企业中运用广泛	员工只关注销售、短期利益，容易忽视客户感受和企业未来发展
年薪制	年度经营结果	中高层管理岗位、核心技术研发人才	高年薪容易吸引人才，能适当去除人才的短期化思维，留人一年	激励力度低；激励周期长；很多年度的部分薪酬采用扣减法，易引起员工不满，造成年底前后人才流失
绩效工资制	个人业绩	进行考核的所有岗位	目标层层分解，标准设置清晰，没有监督检视，引导员工关注自己的贡献和价值	存在考核不当、目标设置不合理、流于形式、激励力度较小等问题，员工对考核的认可度低，实施效果不明显

二、宽带薪酬模式

宽带薪酬模式是随着新型管理概念与管理体系而诞生的一种薪酬模式，其特点是将传统薪酬体系中较多的薪酬等级压缩至若干个薪酬等级，同时扩大在同一薪酬等级内的等级层次，使同一岗位、同一薪酬等级内的薪酬差距幅度增加，形成"一岗多薪"。美国薪酬管理学会对宽带薪酬的定义是对多个薪酬等级以及薪酬变动范围进行重新组合，从而变成只有相对较少的薪酬等级以及相应较宽的薪酬变动范围的薪酬模式。宽带薪酬是指某一岗位所获得的薪酬不再类似于固定不变的传统薪酬结构，而是形成一个区间的、有差异的工资范围或者工资带，其间含有多个薪酬等级。为了达到引进优秀人才、激励优秀人才与留用优秀人才、增强企业的核心竞争力的目标，需要构建一个科学、合理的宽带薪酬体系。宽带薪酬体系最显著的特点是员工即使维持在原有岗位上，也有可能获得更高的薪酬回报。在构建宽带薪酬模式体系时，需要综合考虑员工的绩效考核、工作能力与工作态度等方面，并且在宽带薪酬模式下，员工的薪酬不再是传统模式下根据岗级逐步上升，而是在一个幅度较大的宽带区间中横向变化。使用宽带薪酬模式可以大幅度减少"独木桥"式晋升渠道狭窄导致的激励缺失现象，这是因为相较于传统的薪酬体系，宽带薪酬模式体系降低了企业中组织岗位轮换的阻力。宽带薪酬模式鼓励员工的个人成长与发展，且更看重员工个人的工作能力和在业绩上对企业的贡献。实施宽带薪酬模式后，可以将以往使用传统薪酬模式时处于不同薪酬等级之中的大量职位纳入同一薪酬等级当中，缩减岗位层级，降低企业间横向岗位轮换和工作调动的难度。

实施宽带薪酬模式需具备的前提条件：①构建以绩效为导向的企业文化和科学有效的绩效管理体系；②明确企业发展的人力资源战略；③构建开放包容、科学高效、员工参与程度高的管理风格；④企业的组织结构尽量扁平化；⑤建立起一支素质高、能力强的薪酬管理队伍。

设计宽带薪酬所需的步骤：①判断企业自身实际情况与特点是否适用宽带薪酬模式，是否具备实施宽带薪酬模式的前提条件；②企业要进行充分细致的市场调研，以科学的调研报告为依据，对标行业内头部优秀企业，确保自身整体平均薪酬水平具有外部竞争优势；③出台科学的内部职位分析和评估制度，保证薪酬的内部公平性；④创建薪酬层级和相邻岗位带宽重合度；⑤确定薪酬带宽内的浮动范围，充分利用宽带薪酬的带宽去激励员工奋发向上，提升自身的综合素质。宽带薪酬体系可基于员工敬业度指数构建，重点针对改进薪酬体系、改良工资比例、以积分制扩展工资分配途径与员工晋升渠道、改善动态工资组成、完善薪酬管理规则等。宽带薪酬模式是一种兼具企业组织扁平化、管理流程再造、统合团队与个人业绩导向等新型特征的薪酬模式，有着诸多优势，被越来越多的企业所推崇，但也应根据企业当前发展的战略方向和经营理念结合进行设计。

相比较传统薪酬模式而言，宽带薪酬包含巨大优势。第一，宽带薪酬模式比起传统薪酬更具灵活性，企业可根据自身实际发展情况与不同发展阶段，通过调整薪酬结构与层级，制定出更贴合企业当前以及未来发展的薪酬体系，有利于助推企业实现战略目标。第二，运用宽带薪酬模式有利于形成学习型组织。与传统薪酬注重通过纵向晋升不同，宽带薪酬更注重同一层级上横向提升，即使员工岗位不发生变化，但仍可以通过自身努力获得更高的薪酬回报，扩大了在同一岗位中员工的激励影响。因此，员工想要达到提升工资收入的目标，就会不断学习与进步，提高专业技能水平与综合素质。第三，宽带薪酬模式有助于企业与员工的协调发展。宽带薪酬体系不仅能成就个人，更能在宏观层面上成就企业。在宽带薪酬模式的推动下，企业整体目标与个人目标相辅相成，整体目标被分解成个人目标，而个人目标又助推企业目标的达成，从而实现企业效益最大化与员工薪酬最大化的双赢。

三、KSF 全绩效薪酬模式

1. KSF 定义

KSF，即 Key Successful Factors，称为关键成功因素，是指与企业效益息息相关的，决定岗位价值的最具影响力和最有代表性的个别关键性指标，同时这也是一种衡量员工价值的管理工具。这些少数的关键性因素代表着不同的价值，同时也与员工薪酬、晋升、奖励等紧密联系，富有激励性。

KSF 全绩效薪酬模式是中国人力资源专家李太林将薪酬与绩效全面融合的一种模式，他认为企业首先必须使得薪酬与绩效全面融合，其次再考虑如何开放更多的价值流，提供更多的价值点，让员工有更多的加薪机会。KSF 全绩效薪酬模式更加关注员工个人的成长、价值及发展，关注企业的未来发展。因而在中小企业中引入此模式的价值意义更大。

2. KSF 全绩效薪酬模式设计理念及原则

KSF 全绩效薪酬模式设计的核心理念：数据为先导、结果为导向、效果来买单、价值做分解、薪酬要分块。数据为先导，可以做到真实、客观；结果为导向，则是以最终取得的结果作为领航灯，做到不偏离、不浪费；效果来买单，是指产生绩效后再支付，实现成本最大化节约；价值做分解，是为了让员工把有限的精力放在最具价值的事情上；薪酬要分块，便于员工自我计薪，同时也更清楚不同工作所对应的薪酬价值。

KSF 全绩效薪酬模式设计应用遵循以下四大原则。

一是互利共赢：企业与员工之间的关系应该是相互成就的，不应该以损害其中一方的利益为前提，否则企业发展不会长远，员工也不会有安全感、信任感。

二是数据为王：目标制定、指标测算都要符合实际，用数据说话。

三是高激励：KSF 全绩效薪酬模式本就是一份为员工加工资的计划书，其核心就是激发员工自我内驱力，将员工的价值分割，薪酬具体分块，实现薪资多元化，从而达到高激励目的。

四是自我计薪：员工依据自我产值及价值可以轻易算出个人工资。

KSF 全绩效薪酬模式所遵循的设计主线有两点。

① K 指标设定是与员工薪酬密切相关，而且与 60% ~ 80% 薪酬相关，因此在员工角度上来说，指标完成率越高，则代表员工获得的工资越高。

② 与企业效益直接挂钩，通过将薪酬进行产值化与价值化分配，可以大力改善企业经营成果。

正是因为 KSF 全绩效薪酬模式这两个要点，无论是老板还是员工，都期待业绩提升，收益提高，快速实现目标。

3. KSF 全绩效薪酬模式设计步骤

由 KSF 全绩效薪酬模式设计理念和原则，其操作步骤可分为以下七大步骤。

第一步，岗位价值分析。岗位价值分析主要是以结果为导向，通过制订岗位管理关系图、岗位工作职责范围表、对岗位工作按照重要程度进行排序，以及各项职责应达到的目标（成果）、花费时间占比等，对该岗位的各项职责最后所达成的结果进行多维度汇总。

第二步，价值提炼，K 指标提取。通过对岗位价值分析，罗列出岗位中比较重要的且有价值的所有 K 指标，用鱼骨图法呈现出来。同时借助 BSC（平衡计分卡）、SMART、IPO 这三种考核评价工具进行综合评估。去掉指标中对企业未来发展影响较小的、重复性的、可控性差、可操作空间小的，同样指标数量也不宜过多，各类岗位提炼出 4～8 个最具价值指标为宜。一般管理层岗位 6～8 个指标，执行层岗位 4～6 个指标即可。

第三步，设立 KSF 占比，弹性定位。通过对不同岗位总工资的薪酬进行分块分析，KSF 工资在总工资占比中以 60%～80% 为佳，其中岗位价值大，与企业利益密切挂钩的这类岗位，弹性薪酬应占比 80% 左右。如销售部门。

第四步，拆分薪酬，设置权重。由不同指标所带来的工作价值不同，所拆分出来的薪酬权重也就不同，一般能最大程度体现员工个人价值且最能影响企业收益的指标权重也就相应地越大。

第五步，数据整理，寻找利益平衡点。分析上一年度（12 个月）各项数据，并进行整理。找出一个指标企业与员工之间的利益趋同支点，该平衡点对企业来说是对来年的预算目标，对员工来说就是他的工资起点。

第六步，激励与测算，以求力度到位。对 KSF 全绩效薪酬模式设计图表中的激励部分，如奖惩标准、惩罚刻度、奖惩额、惩罚尺度，通过三个维度进行综合测算，即历史最好数据、历史最差数据以及员工自己预算，每超出或增加多少额或者率，相应的奖励多少工资，从而起到激励有效果，力度得当的作用。

第七步，效果反馈，验证合理性。新的薪酬方案落地实施后，要及时进行跟踪反馈，针对 K 指标，需要不断地持续调整。方案并不是一成不变的，而是随着企业战略、目标实现、发展情况甚至特殊情况的变化而变动的。一般在薪酬方案落地实施后的 3 个月至 6 个月需要进行综合对比、反馈，验证该薪酬方案是否合理、可行。

第三节　战略性薪酬体系设计

一、战略性薪酬体系设计理念

战略性薪酬管理体系既是一种管理观念，也是一种管理思维，全面执行战略性薪酬管理是一项复杂的工程，在此过程中，树立现代薪酬理念，把握关键的设计原则，显得尤其重要。

①薪酬是一种投资，而不是一种成本。在知识经济时代，人力资本成为经济增长和企业价值增值的重要因素。企业必须树立人才资源是企业第一资源，人力资本是企业第一资本的观念。因为科学的薪酬体系能够有效降低人才流失率，同时还将吸纳更多的人才，增强企业的活力。

②保持动态灵活性。企业应根据内外环境的变化，及时调整薪酬总额、水平与结构等，以适应企业发展战略的调整。因此，企业薪酬体系既要保持一定程度的稳定性，又要能根据主客观因素与情势的变化，适时地进行调整。

③体现公平公正性。科学的薪酬管理在全过程中都会坚持公平公正性。首先，在设计薪酬体系之初，会征求企业员工的意见，采纳其中合理的建议；其次，在整个薪酬体系的设计过程中，都会保持一定的透明度和参与度；最后，在实施过程中应建立健全监督与反馈机制，及时进行薪酬满意度调查，根据具体反馈情况，不断予以改进和完善。

④坚持系统性思考。对于现代企业员工来讲，一方面看重企业的物质回报，也就是企业的福利待遇水平；另一方面，看重非传统的报酬，如职业生涯发展、富有挑战性的任务、参与决策与管理等。因此，设计战略性薪酬体系时，必须注重系统性思考，既要关注员工的经济薪酬，又要关注员工的非经济薪酬，综合多方面因素，形成具有竞争性的，同时又具有企业特色的薪酬体系，提升员工的忠诚度和满意度。

二、战略性薪酬体系设计原则

（一）战略导向

设计薪酬体系时，必须坚持战略导向，一旦企业的发展战略发生变化，薪酬体系就应当随之调整。作为一种科学的激励机制，战略性薪酬体系的目的在于驱动那些有利于企业经营战略发展的因素，同时遏制和消除那些不利于企业经营战略发展的因素。

（二）公平

公平是设计薪酬体系的核心原则，其理论基础是公平理论。通常情况下，公平原则体现在三个方面：员工个人公平、企业内部公平和企业外部公平。员工个人公平就是员工对自己的贡献和得到的薪酬感到满意，企业内部公平就是员工的薪酬在企业内部贡献度及工作绩效与薪酬之间关系的公平性，企业外部公平是指企业的薪酬水平相对于本地区、同行业内在劳动力市场的公平性。

（三）激励

科学合理的薪酬体系对员工的激励是最持久，也是最根本的激励方式。因此，设计薪酬体系时必须充分考虑薪酬的激励效果，重视企业薪酬人力资源投入与激励效果产出之间的关系。

从物质激励方面来讲，根据员工能力和贡献大小适当拉开收入差距，让贡献大者获得较高的薪酬，以充分调动他们的积极性；从精神激励方面来讲，可以采用多种手段开展，如员工授权、合理的晋升制度、工作绩效评审、为员工提供提升自我的机会等，另外，还可以通过设置灵活的弹性工作制度，创建符合不同员工特征的职业规划道路。

（四）双赢

员工和企业都有各自的薪酬目标。所以，企业在设计薪酬制度时，有必要上下相互沟通和协调，让员工参与薪酬制度的设计，举行企业薪资听证会，找到彼此都满意的结合点，实现双赢。

（五）合法合规

设计战略性薪酬体系要有法可依，整体上来讲，企业要完善和规范用工制度，减少企业与员工之间的纠纷；从企业内部来讲，企业薪酬体系的确立要有充分的依据，还要明确不同薪酬类别所适用的人群。此外，设计战略性薪酬管理体系的过程，需要强调系统性，统筹协调薪酬管理的各项制度与措施，发挥其整体效应。同时，制定内部薪酬制度时，需要内外兼顾，建立一种透明、有效的沟通机制。

三、战略性薪酬体系设计流程

战略性薪酬体系坚持以员工为导向，强调对员工的激励性。通常情况下，薪酬体系设计包括确定薪酬策略、薪酬调查、职位分析、岗位评价、确定薪酬组合、设计薪酬结构、制定薪酬管理制度七个步骤。

（一）确定薪酬策略

企业需要在发展战略的指导下，制定相应的人力资源战略，进而确定薪酬策略，构建和实施战略性薪酬体系，有效地激励员工，降低员工的流失率和提高企业效率，实现员工与企业的和谐发展。

通常情况下，企业可以选择的薪酬策略包括三种形式：领先策略、跟随策略和成本导向策略。具体来讲，领先策略是指企业为了吸引高素质人才，满足企业高速发展的需求，薪酬水平在本地区或同行业中处于领先水平；跟随策略是指企业找准自己的标杆企业，薪酬水平跟随标杆企业的变化而变化，始终紧跟市场的主流薪酬水平；成本导向策略是指企业制定的薪酬水平主要根据企业自身的成本预算决定，以尽可能地节约企业成本为目的，不大考虑市场和竞争对手的薪酬水平，如何制定和选择适合自己的薪酬策略，取决于企业的实际情况。

（二）薪酬调查

为了完善企业的薪酬结构，评估外部竞争对手的薪酬水平，相应调整企业自身的薪酬水平，同时，更全面地了解薪酬管理实践的最新发展和变化趋势。企业必须注重薪酬市场现状调查，该项工作通常会利用外部机构的力量来完成，如购买行业薪酬水平调查报告，或者委托专业人力资源调查企业进行地区薪酬水平调查等，当然，在企业人力资源部门能力和人员均充足的情况下，也可以自行完成这项调查工作。

薪酬调查一般包括两方面内容：外部市场薪酬情况调查、内部薪酬结构及员工薪酬满意度调查。对于前者来讲，主要从三个方面进行调查：①本地区或本行业薪酬情况，②薪酬水平的竞争力情况，③劳动力市场的供应情况。对后者来讲，主要从企业经营能力、薪酬支出财务数据和员工薪酬满意度三个方面着手。

（三）职位分析

职位分析是人力资源管理的基础工作，其成果能够应用于人力资源管理的所有功能模块，包括组织优化、人员甄选、培训开发、考核等，通常以岗位工作标准或职务说明书来体现。

设计战略性薪酬体系离不开职位分析，企业必须明确各职位的分类、分等及相互关系。例如，企业职位可以分为行政岗位、营销岗位和管理岗位，其中，管理岗位又可分高层管理、中层管理、基层管理等。

职位分析的内容通常包括员工受教育程度、工作经验、工作知识、工作难度和努力程度等，基于职位分析的战略性薪酬方案，能够使企业员工得到的工资与其个人绩效、部门绩效以及企业绩效紧密挂钩。这样能够激励员工在工作过程中充分发挥自身的能力，同时注重团队协作，增加归属感，促进企业的健康持续发展。

（四）岗位评价

岗位评价是在职位分析的基础上，采取一定的方法对岗位的影响范围、职责大小、工作强度、工作难度、任职条件等特性进行评价，以确定岗位在企业中的相对价值。

进行岗位评价时，通常要组建企业岗位评价工作小组，在人力资源部门综合统筹下，各部门负责人均参与其中。要想实现岗位评价的公正和公平，要对该小组提出明确的要求：①评分小组成员要能客观、公正地看问题，这是衡量岗位评价工作客观与否的重要因素；②评分小组成员的构成应有代表性，应客观了解每个岗位的职责和在企业中的重要性。

岗位评价同样要求明确关键岗位评价要素，运用恰当的岗位评价工具和方法，进行岗位综合评价，其中，交叉排序法和因素分析法是最常用的岗位评价方法。

（五）确定薪酬组合

企业不同级别人员，其薪酬需求也不尽相同。因此，通常情况下，企业需要采取不同的薪酬组合：①对基层人员来讲，固定薪酬比例应该最高，变动薪酬比例次之，并且，在企业基层员工的收入中，短期薪酬往往占了绝大部分的比例；②对中层管理人员来讲，固定薪酬比例有所降低，变动薪酬比例则相应提高；③对高层管理人员来讲，固定薪酬比例应该最低，短期薪酬的比例进一步下降，甚至可能会低于长期薪酬所占的比例。

（六）设计薪酬结构

薪酬结构是企业内部不同职位或不同技能薪酬水平的对比关系，以及不同薪酬形式占薪酬总额的比例关系。

通常情况下，对普通员工来讲，采取的方式是固定工资＋绩效工资（季度或半年度）＋年终奖金，其中，核心员工（20%）会有津贴、中短期的激励以及企业的股票。

对中高层管理者来讲，采取的方式可以是固定工资＋职位津贴＋年终奖金＋短期激励（签约奖金、现金转股票、CEO特别奖）＋长期激励（股票、期权等），奖金一般是年薪的60%～120%。在不同的薪酬结构中，货币薪酬与管理层持股都能够对管理层产生正向的激励作用，而在职消费削弱了这种作用，激励机制是三种薪酬形式共同作用与相互制衡的结果，不同的组合会带来不同的激励效果。

（七）制定薪酬管理制度

现代的薪酬理论着重解决如何让薪酬体系更好地为企业战略目标服务，只有制定与岗位相匹配的内部具有公平性、外部具有竞争力的薪酬管理制度，才能使员工的职业发展目标与企业发展目标相一致。

通常情况下，完成薪酬体系设计后，需要以文件的形式保存下来，在企业内全面推行。知识经济时代，企业在制定薪酬制度时，要把握三个要点：①明确的战略定位是前提，②兼顾内部公平是重要因素，③关注企业价值链增值点的转移是关键。

第七章　人力资源管理效能的提升

新时代背景下提升企业人力资源管理效能，是企业获取优质人力资源的重要举措，这对于企业各项业务的推进及整体运行效率的提升都会产生非常积极的影响。在该项工作的具体实施过程中会涉及诸多关键环节，因此，企业要能够对每一环节的工作进行严格把控，不断提升人力资源管理效果。本章分为人力资源管理效能的重要性、人力资源管理效能提升策略两部分。

第一节　人力资源管理效能的重要性

一、人力资源管理效能概述

（一）人力资源管理效能的含义

1. 效能的含义

效能（Effectiveness）指的是达成目标的程度，即是否实现目标或实现多少。企业的管理效能实际上是企业在日常管理活动中的组织、计划、协调和控制等水平和能力的体现。在日益激烈的竞争环境中，只有企业具备较高的管理能力，才能获得竞争优势。具体来讲，对效能的解释如下："效"指的是对企业以及企业员工完成各自职能的检验，这种检验包括对效果、效率和效益的检验；"能"指的是企业以及企业员工是否具备完成企业目标的能力以及完成目标的能力和能量的大小。

2. 人力资源管理效能的含义

要界定人力资源管理效能（Human Resource Management Effectiveness，

HRME）的含义首先要了解效能的含义。由上文可知，效能是达成目标的程度。人力资源管理效能的研究起源于1920年有关人力资源管理贡献度的研究，当时就已经开始了对各项人力资源管理活动和绩效等方面的评估。而整体性的人力资源管理效能研究约在1990年才开始，如有学者将人力资源管理效能定义为组织目标的完成程度和对组织的财务贡献和价值，还有学者将人力资源管理效能定义为人力资源管理活动的产出。

虽然他们对人力资源管理效能有不同的理解和认识，但大致可以归为两类：一是从主观感知的角度，将其定义为使用者对人力资源管理实践效果的感知；二是从客观结果输出的角度，将其定义为人力资源管理活动结果的交付或产出。总的来讲，可以将人力资源管理效能定义为人力资源管理活动达成组织目标的程度和效果。

（二）人力资源管理效能的影响因素

人力资源管理效能的影响因素非常多，这与研究方向也是相关的，针对不同的研究方向，其影响因素也是存在差异的。

首先，组织中的人力资源管理模块的设计是否完善会对组织人力资源管理结果产生不同的影响。例如，完善的人力资源管理系统可以大大提高人力资源管理效率，促进员工产出。

其次，人力资源管理者的性格和管理风格等也会对人力资源管理效能产生非常重要的影响，尤其是企业的高层管理者对其影响更大，他们其实是企业的最高人力资源管理者。在中国本土环境下，管理者的领导风格无疑与人力资源管理效能有着重要联系，综合西方典型的领导风格——变革型领导、交易型领导和中国企业中典型的领导风格——家长式领导，可以分别验证不同领导风格对人力资源管理效能的作用。

一个组织的管理能力通常是由资源的投入产出比来衡量的，人力资源作为组织中的重要资源，其人力资源管理效能可以在一定程度上代表组织能力水平。人力资源的投入由人工成本和人员规模来衡量，人力资源产出由财务和业务指标来衡量。要提高人力资源的回报，就必须提高人员效率，在既定条件下投入人力成本，使人员产出最大化。

（三）人力资源管理效能的评价标准和方法

1.人力资源管理效能的评价标准

基于人力资源管理效能总体上的导向性和评估人力资源管理效能的主观性和客观性，可以划分出评价人力资源管理效能的四个象限、两个维度，具体如图7-1所示。

客观因素

外部导向	最佳实践模型Ⅱ	与业务相匹配Ⅰ	内部导向
	超越绩效卓越之标杆者Ⅲ	管理者和员工之评价Ⅳ	

主观因素

图 7-1　人力资源管理效能评价标准的划分

如图 7-1 所示，象限Ⅰ是客观的内部导向评价，主要研究的是人力资源管理政策、实践的内部协调性、统一性与组织战略的垂直匹配程度，其实质是评价人力资源管理活动与组织业务的内部匹配，即战略性人力资源管理；象限Ⅱ是客观的外部导向评价，主要研究的是有关安全、健康以及就业机会等指导方针的制订和影响，其本质是应用一套完整、标准的最佳实践模型；象限Ⅲ是主观的外部导向评价，主要是将外部卓越的组织业务或人力资源管理实践作为标杆，以达到或超越标杆为目标；象限Ⅳ是内部导向的主观评价，该评价标准把组织内的管理者和员工看作人力资源管理的服务对象和内部客户，将服务对象和内部客户对人力资源管理的评价是高还是低、是好还是坏作为衡量标准。

2.人力资源管理效能的评价方法

国外对人力资源管理效能评价的研究远远早于国内。早在 1992 年，就有国外学者提出了企业管理研究不是单纯地对产品质量等硬质量管理的研究，还应该开展对人力资源等软质量管理的研究。国内，南京大学商学院名誉院长赵曙明采取优化、改造的方式，设计出了更切合中国实际的人力资源指数评价方法，标志着我国对人力资源管理效能的研究进入起步阶段。常见的人力资源管理效能评价方法包括以下几种。

148

（1）模糊综合评价法

在模糊数学中最为基本的一种数学方法就是模糊综合评价法。模糊综合评价法是立足模糊数学得到的综合评价法，此法主要是在隶属度理论指导下将定性评价转变为定量评价，也就是应用模糊数学全面评价那些受到诸多因素影响的事物，包括人力资源管理效能。

（2）层次分析法

美国学者萨蒂（T. L. Saaty）教授在20世纪末期的时候在研究中提出了层次分析法，应用此法可以开展定性和定量多维度决策分析。层次分析法是指将一个复杂的多目标决策问题作为一个系统，将目标分解为多个目标或准则，进而分解为多指标（或准则、约束）的若干层次，通过定性指标模糊量化方法算出层次单排序（权数）和总排序，以作为目标（多指标）、多方案优化决策的系统方法。此法可以将问题分解为多个层级要素，依照各个层级之间的隶属关系进行分析模型的构建，在知晓每一层级相对于整体的权重后得到重要性程度排序结果。其显著特点有三个：一是简单容易计算，二是思路清晰，三是适用面广。这是个体在工作和学习中进行问题思考和解决的最为有效的方法。应用这一方法分析企业决策，可以提高发现和解决问题的效率。在诸多要素中，最具有能动性的资源就是人力资源，在组织发展中发挥着十分重要的作用。

（3）平衡计分卡与人力资源计分卡

平衡计分卡理论基于战略的指向，将组织的总体发展目标细化为局部性的可运作评判的具体指标，既产生于财政管理或价值标准，又对它们进行了继承和发展，也可以被称为战略性绩效评价体系。它是一种集背景、策略、活动、流程、改进、成效为一体的管理系统，能很好地实现非财务（或价值）指标与财务（或价值）指标的协调与统一。

平衡计分卡的平衡思想包含了四个层面：一是平衡计分卡四个子维度之间的相互平衡，其中任何一个维度的滞后都会影响和殃及其他维度；二是财务指标与非财务指标的平衡；三是滞后指标与前置指标的平衡；四是企业内部和企业外部不同利益群体之间的平衡。

人力资源已经成为新时代企业竞争中最重要的资源，这个在企业管理过程中已经达成共识，是毋庸置疑的。人力资源作为一种无形资产，它是如何主导企业价值创造的过程、如何测量人力资源的绩效表现、如何测量人力资源对企业整体绩效的贡献程度成为一个摆在所有人力资源从业者面前新的关键性的问题。

平衡计分卡问世以来备受关注。平衡计分卡的推广，将组织的战略成功分解为可执行的目标，使组织内部形成了统一的持续价值创造的语言，将企业战略分解到组织内每一个员工身上，成为员工可执行的日常工作，从而很好地实现了企业战略与组织管理的有机协同。

美国学者布瑞·贝克（Brian Becker）等人在平衡计分卡的理念基础上，设计了一种战略性人力资源测量系统，这个测量系统就是人力资源计分卡。平衡计分卡的创始人之一戴维·诺顿是这样评价人力资源计分卡的，人力资源计分卡通过因果模型的开发揭露了企业经营绩效与人力资源价值驱动因素之间的关系，大大提高了平衡计分卡的成熟水平。

人力资源计分卡这一方法基于平衡计分卡的因果模型，明确了人力资源绩效驱动因素与组织绩效之间的关系，揭示了人力资源管理在组织战略中的重要角色，将人力资源、战略和绩效有机连接起来。

布瑞·贝克等人认为人力资源战略面临着测量挑战，需要建立一个能把人力资源和企业业绩联系起来的测量系统，基于此，人力资源计分卡诞生。人力资源计分卡创建的步骤为：首先，需要明确界定企业的经营战略。其次，在企业经营战略基础上，设计企业战略地图，明确影响企业经营战略达成的相关指标。这些指标包括领先性指标、滞后性指标。再次，根据企业战略地图，分析人力资源系统如何助力于企业战略的达成，即应设计与企业战略相匹配的人力资源评估系统。最后，通过对人力资源评估系统的管理，来确保人力资源战略对组织战略、组织绩效的正向影响。布瑞·贝克等人特别强调，人力资源评估系统的管理过程不是一次性事件，人力资源管理者需要定期复盘、再评估，确保人力资源管理与业务目标的直接联系。

人力资源计分卡的意义不仅体现在它揭示出企业经营绩效与人力资源价值驱动因素的关系，更表现在它是布瑞·贝克等人通过3000多家企业的案例研究得出，它提供了人力资源价值驱动的框架模型，各组织可在此框架基础上根据自身实际情况制定其人力资源成长战略。将人力资源计分卡具体应用到人力资源管理效能评价体系中，有利于人力资源战略与组织战略保持统一，有利于对人力资源管理工作产出的评价更有层次、更清晰，以便于组织及时监控、发现和分析日常人力资源管理过程中出现的问题，有利于人力资源各子系统可以协调与配合，从而最终推动组织战略目标的达成。

人力资源计分卡是基于平衡计分卡的框架来分析战略性人力资源管理的，这里面包括对战略性人力资源管理内容和实施的分析。通常，可以从企业层面、战略业务单元层面以及职能层面展开研究。人力资源计分卡的内容应包含财务、客户、学习和成长、内部经营过程等四个维度，构建步骤分为建立关键的人力资源传导机制、实施高绩效的工作体系、始终保持高绩效工作体系与企业战略的一致性以及确保人力资源工作体系的效率等四个步骤。

人力资源计分卡应以人力资源战略的制定为起点，人力资源计分卡的内容应包含财务、客户、人力资源战略以及人力资源运营等四个维度，并针对每个维度设计出相应的评价指标。此后，一些学者的研究把从前只归根于理论层面上的人力资源计分卡拓展到了可操作性层面。

此外，人力资源效能计分卡模型以提升人力资本回报率为核心目标，包含了战略维度、客户维度、运营层面和财务管理这四个角度，从而架构出一级目标和二级目标：一级目标共17个、二级目标共76个，建立起了战略和战略执行过程之间的关联路径。通过人力资源各子系统、各模块的有机协调和作用发挥，以提升组织绩效、提升员工满意度，从而助力财务目标的最终达成。

（4）人力资源的投产分析

投产分析也就是对投入产出的分析，即依据对人力资源管理的投入和产出的估算，来评析人力资源管理绩效。一般来说，人力资源管理的成本容易计量，但人力资源的无形收益却往往难以评价和测量。

（5）人力资源指数法

20世纪60年代，美国教育家伦西斯·利克特（Rensis Likert）最早对人力资源指数进行了明确的定义。在我国，相对通用的是赵曙明设计的人力资源指数问卷调查表，这个表包含了组织效率、报酬制度、组织目标、关心员工等15个维度，通过此表可以计算出企业的人力资源指数。该方法体现了员工对组织目标的贡献度以及员工满意度，为企业有针对性地实施管理指明了路径。

（6）人力资源效用指数法

人力资源效用指数法由美国学者杰克·菲力浦斯（Jack Phillips）提出，它是通过提取人力资源管理系统的数据来评价人力资源管理效能的一种方法。常用的评价指标有培养费用与企业总经营费用的比值，薪酬福利总支出与企业经营费用的比值等。

（7）人力资源的声望评估

声望也就是声誉，人力资源声望的评估方法是一种倾向于主观的评价方法，它通过人力资源管理行为活动面向群体（各部门、管理人员或职员）对组织活动的评估，来总结得出对人力资源管理的成效测评。

（8）回归分析

在探究企业中三个变量之间的关系时可以使用因子和信度分析，这三个变量分别为企业绩效、员工满意度以及人力资源管理。在论证之后提出，人力资源管理可以起到提高员工满意度和企业绩效水平的作用。

回归分析是一种比较常见的统计分析模型，在样本数据搜集后选择回归模型，进而搭建起自变量和因变量的函数关系模型。它的优点在于结果清晰明了，可以从分析结果直接看到因变量和自变量的关系，但是如果自变量选择不当，就会造成回归分析的系统性错误。

二、人力资源管理效能发挥的重要性

人力资源作为企业的第一资源，对其开展及时、必要的评估是一件非常重要的事情。通过人力资源管理效能的评价能帮助企业及时发现管理过程中的问题，有助于企业了解自身人力配置与人力资本使用情况，有助于保障企业的企业目标与人力资源的管理目标保持统一。通过人力资源管理效能的评估，能帮助企业及时了解管理过程中的薄弱点，有针对性地实施改进措施。因此，对企业开展人力资源管理效能评估的作用表现在一方面帮助其降低管理成本，另一方面有利于提高管理效率、提升管理收益，最终增强企业综合竞争力，助力企业战略目标达成。

总的来讲，企业需要建立一套符合现阶段自身发展需求的人力资源管理模式，这套人力资源管理模式需要具备先进性和创新性，可以满足员工多层面的自我发展需求，激发员工工作积极性，从而促进员工工作能力有效提升，改善员工工作氛围和工作环境的舒适度，加强员工对企业文化的认可度，对企业后期发展起到决定性作用。所以，人力资源管理效能的有效发挥对企业的战略发展而言具有重大意义，也凸显了其重要性。

第二节 人力资源管理效能提升策略

一、改进人力资源结构

为解决人力资源结构问题，提升人力资源管理效能，需要进一步改进人力资源结构，提高人力资源水平，降低企业成本费用，最大限度发挥人力资源优势，使得企业整体效益最大化、员工劳动生产率最大化，提高企业综合竞争能力和适应环境的能力，实现人力资源管理效能的优化，对此，需要提出针对性的人力资源结构改进建议和保障措施。

（一）提升人力资源结构质量

1.优化专业结构

（1）提高整体学历

为适应当今时代的知识更新速度和企业发展需要，提升企业员工学历水平，具体建议如下。

①增加硕士生人数。为了提高整体学历，改进专业结构，管理层、专业技术人员要提升学历。这可以体现在中高层、首席工程师、技术领军人物、技术带头人等的选拔环节中。

②鼓励学历教育提升。为了提高低学历员工的整体素质，使企业整体学历水平处在大专以上，可以采用限期内提高学历、报销部分学费、限制职称职资评聘、与工资奖金福利挂钩、实行相应请假调班制度等方法激发员工提升学历的主动性和积极性。本科以下员工可通过网络教育、委培、函授等方式提升学历，开阔视野。本科以上学历的专业人员可以通过自学、脱产或半脱产方式继续深造，学习最新的专业知识，不断提高综合能力。事实证明，提高学历水平有助于营造积极向上的氛围，提高专业技术、科研创新和经营管理水平，为推动企业发展打好人才基础。

（2）丰富学科背景

为了实现企业的高质量发展，满足智能建设，企业不仅需要主体专业的技术技能人员，也需要招聘和培养管理类、经济学、理学、医学、教育学、法学等方面的专业人员相互配合、努力，共同构建适应当下和满足未来发展要求的学科体系。招聘时，向紧缺和重要专业倾斜。对于紧缺专业，可以采取适当放宽要求、提高薪资待遇等方式引进人才。

2. 完善职称职资结构

为了解决部分企业现有的职称资质等结构问题，消灭"无证"员工，扩充中级职称人数，形成"橄榄型"职称结构，增加高级以上职称职资人数，更好地发挥人力资本效能，企业可以采取的职称职资结构改进建议如下。

①激发"考级"兴趣。可以采取职称职资与薪酬、职务晋升挂钩，设置岗位职称职资门槛等方式，帮助其克服主观因素，激励员工自发"考级"，引导具备报考资格的员工考取各类资格证。

②加强"考级"培训。针对不同的职称职资考试要求，定期开展培训课程，邀请高学历、高技能的前辈对职称职资偏低的员工进行辅导，为员工"提级"提供便利条件。对初中级职称人员进行人才培养，同步增加中级、高级职称人数，主要培养中级职称人才，重点挖掘高级职称人才。

③加大"提级"投入。为了鼓励员工职称职资"提级"，追求进步，加强学习，可以加大资金投入，对考取中高级职称和一二三级职级的员工给予一定的资金支持或奖励。

（二）提高人力资源结构效能

1. 提高劳动生产率

第一，绿色环保、节能生产。为了提高企业效益，企业需要不断发展生产力，提高产值，提升生产能力和经济实力。企业应提高自身的创新生产能力，全面推广绿色、智能技术。一是强化环保节能生产意识，提升绿色发展内涵。企业应该将绿色环保、节能生产纳入今后的企业发展规划，积极营造低碳循环的绿色生产企业氛围，为企业节能减排。二是加大节能环保技术、设备和工艺研发力度，投入更多的研发经费。三是开展绿色生产的技术培训。通过绿色生产培训切实节能增效，降低污染物的排放。

第二，实行精益化管理。精益化管理是企业消灭浪费、降本提效的必然选择。企业要转变观念，精耕细作，将生产经营目标细分为安全、数量、质量、效益和其他目标，确保"人人头上有指标，人人肩上有责任"；制度化管理岗位，精细化到个人工作内容和任务，提升管理质量和效能，提高整体绩效。细分考核指标，评估员工绩效表现，给予相应奖惩，通过奖励提高个人绩效，通过培训改善不良绩效。

第三，实施定期定标轮岗交流制度。由于一些企业内部流动率低，绝大多数员工会在一个部门、一个岗位上连续工作多年，很容易产生消极怠慢的意识。因此，实施轮岗交流不仅能激发员工工作积极性和探索欲，解决职业倦怠问题，还有利于丰富业务知识，提高综合业务水平，拓宽员工发展道路，注重培养懂技术、精业务的复合型管理人才，促进企业高效率运行、高质量发展。

第四，减员提效。为了提高企业劳动生产率，除了可以突破生产技术，提高经营能力，增加企业年总产值，还可以在不影响正常生产的情况下，按照"生产一线满员、辅助精干、地面后勤及科室精简"的原则定岗定员，减少员工总量，实行定额管理，科学合理配置人力资源，提升员工工作效率，进而提高劳动生产率。

2. 完善内部沟通机制

一是建立公开透明的沟通渠道。公开透明的沟通渠道能使不同层级、不同岗位的员工接受群众监督，便于管理层做出最公正的决定或决议。

二是畅通管理层与员工的沟通渠道。这能使双方更加准确、直接地表达各自的想法，不仅能避免管理层与员工的矛盾，促进员工之间真诚相处，还能提高工作效能，增强团队向心力，提高企业经济效益。

三是实行走动式管理，多创造沟通交流机会，提高管理层和员工之间的非正式交流频率，加深理解。

3. 强化团队合作

一是进行有效的工作分析，明确职责，提高部门、个人工作效率；二是利用企业文化，树立"大集体"思维，提高合作协作意识、增强文化融合度；三是定期开展内容丰富、形式多样的体育、文娱活动，加强员工之间的交流与沟通，改善不同部门员工间的关系，加深同部门员工关系，为团队协作打下良好的交际基础；四是加大部门、团队整体任务的绩效考核力度。

（三）增强人力资源结构稳定性

为增强人力资源结构稳定性，需要采取适当的措施增强员工凝聚力，优化激励机制，提高员工士气指数。

1. 增强员工凝聚力

一些企业员工凝聚力表现较差，主要是因为企业文化认可程度普遍较低、企业文化氛围感不强。因此，可以通过营造良好的企业文化氛围，增强员工凝聚力。

第一，塑造制度管理的价值理念。企业的人力资源管理应逐渐向精细化管理的方向发展，所以要构建与企业人力资源发展方向相契合的价值理念和文化氛围，而这种文化氛围要对企业员工形成一定的约束力，以制度管理，参照流程办事，营造公开透明的企业管理环境，这样对于员工凝聚力的增强以及企业战略目标的达成都具有重要意义。企业在管理过程中除了要落实制度的执行管理，还要树立制度管理的价值理念，设计合理的企业事务流程，提高企业的人力资源管理水平，减少人力资源管理的人为影响因素。

第二，塑造文化领袖。作为文化领袖的企业员工就像狼王对于狼群的意义，其行为和思想会在很大程度上影响到底下的人的行为和思想的形成，同时它也影响着整个企业的风向标，所以塑造一个文化领袖，对于企业形成自己的企业文化具有重要意义，能长久地推动企业的发展。

第三，高度重视企业文化建设。优秀的企业文化可以让员工在思想意识上紧密地向企业靠拢，朝着既定的目标前进，做出组织期望的行为，取得组织期冀的效益，实现人力资源结构的内在优化。要高度重视企业文化建设，借助企业文化的力量，培育出团结友爱的团队、爱岗奉献忠诚的员工，形成积极向上的组织风气。

第四，塑造特色企业文化。企业管理者要对企业文化有深层次的认识，塑造特色企业文化，倡导企业推崇和员工认可、向往和热爱的核心价值观。员工若认可企业文化，在企业发展目标上形成共识后，员工将士气十足，降低离职率，增强稳定性；求同存异，增强凝聚力，共同推动企业发展。员工如果不承认企业文化价值，员工对企业就不会有归属感和责任感，不会全身心投入企业建设中，也不能实现自身价值。

第五，借助宣传手段。可以通过内部报刊、看板展示、企业培训等方式推行企业文化；利用"互联网＋"网络宣传企业文化；及时树立典型，表彰先进，设荣誉墙，引导员工树立"以奋斗为本"的理念；可以举行素质拓展等形式多样的团队活动，增强员工凝聚力，根植"五湖四海是一家""企业兴、大家兴，企业衰、大家耻"的理念。

2. 建立专项人才工程

人才是企业第一资源，应该投入更多的精力，高度重视人才的引进、培养和使用。为了改善人才流失的情况，应该建立专项人才工程。

①实施人才培养计划。建立内部人才库，实施员工跟踪管理，挖掘和培养能够支撑和推动企业发展的人才。通过"走出去，引进来，岗位练兵，产学研结合"等手段，着重培养一批熟练掌握专门知识和技术，操作技能精湛，在工作实践中能够解决技术性和操作性难题的拔尖人才。

②制订专项培养计划。联合高等院校相关专业的专家、教授进行项目科研申请，利用重点项目、青年人才项目、科技项目，发挥资深专家学者的"传帮带"作用，优先安排青年人才跟踪锻炼，做全周期、系统性的培养。

二、构建合理的人力资源规划

人力资源规划的本质是要求人力资源管理从战略角度思考，将组织目标和愿景的实现作为人力资源管理的最终目标。科学的人力资源规划不仅能帮助企业实现内部、外部的人力供求平衡，还能从业务伙伴的角度实现对其他业务活动的协调统一，从而最大程度地开发和利用人力资源、提高人力资源管理效能，最终实现企业的经济和社会效益最大化。

企业的人力资源规划应从"被规划"向主动规划调整，先明确企业的战略发展目标，然后制定人力资源战略与规划，过程中及时对人力资源规划的效果进行评估，适时调整。企业的人力资源管理规划具体可以分解为以下五个方面：人力资源管理费用规划、人员编制与配置计划、培训与开发计划、绩效与激励计划以及退休与解聘计划。

人力资源管理费用规划需要根据上一年度企业的经营现状和人力资源管理效能情况制订下一年度的费用预算，制订费用预算时应充分与同行业龙头企业的人力费率、人均效能进行对标。除了重点关注企业人力费用总额的变化外，还应关注人均销售额、人均利润额等人均投入产出比的变化。从财务层面分析，提升人均效能。

人员编制与配置计划需要根据调整后的组织架构及时调整人员编制。对标同行业龙头企业的配置，根据企业新增职能增设岗位和编制，对于合并后的职能缩减人员编制。新增编制优先通过内部招聘、培训的方式予以补充，同步开展外部人才的招聘计划，确保新增职能的正常运行。

培训与开发计划需要覆盖现有技能提升、企业文化宣贯等内容，具体包含培训计划、后备人才计划、企业文化建设等内容。根据企业组织架构调整和战略发展计划，重点识别企业发展所需的人员关键技能，提前有针对性地予以培训提高，并注重对后备人才的培养，建立后备人才库的进入、培养、退出等专项计划。通过报名、审核选拔优秀的人员进入后备人才入库，实现后备人才的名单制管理，通过培训、挂职锻炼、轮岗等形式予以培养，通过业绩考核、360度考评以及述职报告等形式盘活后备人才库。与此同时，加强对企业文化的建设与宣传。通过企业文化活动节、月度/季度优秀人物选拔、节假日员工关爱活动等向员工多维度、多层次地宣传企业的文化，让员工切实感受到"狼文化"基础下的"家文化"关爱，增进组织凝聚力。

绩效与激励计划应重点注重对绩效管理理念的调整。绩效是组织激励、员工激励的有效管理工具，绩效考核过程的客观、公正性也决定了绩效应用的激励性。一方面，企业应分层级逐步提高绩效考核结果与绩效工资挂钩的比例，实现"多劳多得"；另一方面，应注重对绩效优秀人员的培养与保留。

关于退休与解聘计划，因企业组织架构的调整，企业中的一些职能可能会发生合并，编制也会缩减。对于企业来讲，在架构调整的基础上，如何实现员工的平稳调整是人力资源部的头等大事。具体来讲，应从以下几方面予以考虑：企业内部调动、跨企业调动、退休、协商一致解除劳动合同。

三、优化人才管理和劳动关系管理

（一）优化人才管理

企业的人力资源效能提升，从人力资本回报与贡献角度来说，体现为人力资源价值创造能力与人力资本增加值的提升。人才的能力提升与发展是企业价值创造不竭的动力源，是人力资源效能提升优化的根本。

1.优化职业发展体系

企业需要优化职业发展体系，建立人才评价标准，为各级、各类人才脱颖而出创造有利条件。

第一，在原有五大职位序列管理体系的基础上，结合企业战略要求，分职类、分步骤修订各种职位序列和职位等级的任职资格标准，优先完善核心人才（经理级以上）和营销、研发、投资、智能制造等关键业务领域的相关岗位。

第二，明确各职级的晋升、淘汰、退出标准和工作程序，并在日常的绩效反馈工作中及时告知员工，引导员工对照检查，既为员工提供能力发展的渠道，又引导员工积极开展自我提升。

第三，完善不同序列之间的职业转换机制，优化人才的"多通道"培养使用体系。员工可根据个人发展意愿申请目标岗位的任职资格认证，如通过认证则可在有编制的情况下优先申请职位序列转换，职位等级依据认证结果评定，最大程度发挥员工个体的人力资源效能；而企业也可以在需要员工调岗时，开展对应岗位的任职资格认证，精准、择优、不拘一格地使用人才。

2. 提供自我发展平台

当今时代，个体价值的发展成为人力资源管理的核心。人才发展的主体是员工自身，但企业要主动提供完善的平台和充足的资源。

第一，完善发展组织。企业人力资源委员会要切实履行职能，为企业人才发展提供资源投入保障，指引工作方向。

第二，丰富发展资源。人力资源管理部门要善用上级企业和大学资源，包括丰富的课程体系和资源数量，继续打造内训师师资体系，并优化企业培训网络硬件和技术资源，为员工提供便捷的在线学习资源。

第三，改进培养方法。加大培训力度，以行动学习替代简单的课堂培训，为关键、核心人才安排轮岗和工作交流，提供更多的外出学习机会，增进行业交流。

3. 加快关键核心人才引进

企业的组织变革和高质量跨越式发展，离不开充足、优质的人才队伍支撑。但是，一些企业在投资并购等新业务领域人才较为缺乏，在营销、研发、智能制造等关键岗位也会存在较大的人才缺口，一些企业的管理者梯队平均年龄超过40岁且高龄人员占比较高，出现了"断层"危险。对此，可以从以下几方面改进。

第一，拓展招聘渠道。过去，一些企业对于人才使用提倡"内培为主，外引为辅"，但面对组织变革和战略目标对人才的紧迫要求，企业人力资源部门必须拓宽招聘渠道，广泛采取猎聘、内部推荐、同行引荐等方式，加快推进对上述关键、核心人才的引进工作。

第二，加大薪资倾斜。对于关键、核心、紧缺人才，一方面，企业可通过制订人才战略补贴包的方式增加此类人才的薪酬预算,提供具有市场竞争力的薪资,同时还需要对此类人才的薪资结构进行优化,提供具有吸引力的中长期激励薪酬;另一方面,企业可通过淘汰业绩较差的员工,形成工资预算节余,用于核心人才薪酬缺额的补给。

4. 加快人才队伍结构性建设

当前,企业应加快人才队伍结构性培养,分层级、分职类制定短期、中期和长期的人才队伍培养目标,合理调配资源。

第一,明确建设重点。企业人才培养要满足组织变革和战略落地的需要,应当集中现有资源,对照战略规划,集中投入组织资源,从数量、质量、年龄等方面开展结构性人才培养。

第二,人才盘点评估。明确建设重点后,企业需要对现有人才资源做全面的盘点和评估,引入更多的人才测评方法和工具,结合员工既往绩效表现、个人意愿,摸清企业关键、核心人才队伍的能力发展水平。

第三,优化人才培养。为关键、核心人才制订针对性培养方案,在实行的经理人梯队建设计划之外,为专业技术人才也制订相应的人才梯队培养发展计划,以保障企业的技术和创新优势。

第四,及时用好人才。在专业能力、管理能力和领导力培养之外,企业要对人才培养目标员工主动"压担子",通过提供项目管理、轮岗交流、挂职锻炼、并购企业人才调用等丰富灵活的培养方式,点燃员工的工作热情,把握住员工的职业生涯和能力发展的黄金时期,及时、大胆地用好人才。同时,通过行动学习法进一步打造"学习型组织",在使用中培养人才,最大程度地发挥人才个体的人力资源效能。

5. 优化经理人使用管理

经理人是企业组织变革和战略发展的中坚力量,大多数企业对于经理人管理重视度较高,但是近年来经理人队伍出现职业倦怠、思维固化、发展缓慢、结构失衡、能力短板等问题。针对此类问题,可以从以下几方面改进和优化。

第一,修订经理人选拔任用管理制度。细化经理人选拔中对能力、业绩、发展潜质、个性心理素质等方面的综合考评标准,形成"优秀经理人画像"。

第二,强化经理人任期制和契约化管理。严格开展经理人绩效考核,增加对经理人的任期考核,以及对既往工作业绩的"回头看"考核,引导经理人工作成果的长期化。

第三，优化经理人的使用调整机制。明确经理人的晋升条件和退出机制，构建"能上能下"的经理人使用环境。

（二）优化劳动关系管理

对于企业而言，盈利固然是第一要务，但如果处理不好劳动关系，则会直接影响盈利，给企业带来一定的经济损失，甚至会给企业的社会声誉和影响力造成重大负面影响。

1. 明确处理管理劳动关系的原则

①有理。凡事有法可依。现在是法治社会，任何社会行为都要以遵守法律为前提，凡事都要有法可依。以辞退员工为例，不能在违法的边缘试探，要有法律条款作为依据。这就对企业的管理制度提出了要求，要在遵守《中华人民共和国劳动法》的前提下，拟定并签订劳动合同，制订员工手册，对违纪行为进行处理，让被辞退的员工在合理范围内得到应有的赔偿。日常需要长期聘请专业律师作为企业法务顾问，处理劳动关系问题，保障企业的合法权益。

②有据。在劳动争议上面，证据为王。法庭上的一切陈述和审判都要依托于充分的证据，人证物证缺一不可。所以劳动关系管理人员在工作过程中要具备强烈的取证意识，送达通知必须签字确认，访谈时需要有录音或聊天记录等作为依据。

③有序。在处理劳动关系时要依照相关规范程序进行。在法律层面上，不遵守程序地辞退员工属于违法辞退，是需要承担法律责任的。因此要牢牢遵守相关程序，如辞退时提前告知员工，在员工手册公示，在程序中有证据作为支撑。

④有情。在面对劳资矛盾时，尽可能做到友好沟通达成一致，这是预防出现劳动争议的最佳方式。员工与企业管理者有矛盾是很普遍的事，但如果企业不考虑员工的感受，盲目粗暴沟通，则可能引起员工的逆反心理，即便企业有正当理由，也容易引起劳动争议，甚至产生诉讼和仲裁，大量消耗企业的人力、财力、物力，增加企业用工风险和成本，对企业的社会形象造成不良影响。因此，在处理劳动关系与员工进行沟通时，要站在员工的角度考虑问题，尊重其独立人格和合法权益，平等尊重友好沟通，倾听其内心诉求，争取达成共识。

2. 推动劳动关系管理制度的优化

建立和谐的劳动关系是维护企业和谐从而构建和谐社会的关键所在。新招聘的员工中一般会包含新聘用的企业高管、技术人员、高校毕业生以及从社会上开放招聘的生产作业技术人员等。

（1）劳动合同的签订

劳动合同是指以书面形式明确企业和雇员劳务关系，并确定各自权益与义务的书面的多种形式协定，主要包含合作期限、工作内容、劳工保障与劳工条款、劳务报酬、劳动纪律、劳务合同解除的必要条件、违反劳动合同的违约责任和经济赔偿等内容，具有法律效应。

除前款明文规定的必备条件以外，各方相关当事人还应该明确保守单位商务机密、量化违约金的条款、对企业培养费的承担、社会保险待遇、劳务纠纷解决条件等协议中规定的各附加项。

岗位与劳动合同年限依据各企业的生产需求和岗位性质，由企业和员工协商后确定。劳动合同时限一般分为固定时限、无固定时限和以不同工种为时限三种。而对于在初次就业或再就业时变换了岗位或工种的企业劳动者，在签订劳动合同时要规定试用期。

（2）新入职人员的管理方式

对于新入职的员工，由人事专员与其协议签订《岗位劳动合同书》，初次签订《岗位劳动合同书》的年限为一年（含试用期），合约期满将根据人员的工作业绩及工作态度实行严格的考核制度，依据评估结论分类为优秀、及格、不达标三种级别，并实行动态管理。

对于新入职的人员，如在工作过程中发现有自己更感兴趣的岗位，可与部门负责人进行沟通，并与目标部门负责人进行面谈，再由人事经理沟通后给出建议，综合决定是否可调岗。如果一致通过调岗申请，则由人事专员重新与其签订劳动合同，并规定不超过三个月的试用期。

（3）劳动关系变更

劳动合同的续订、更改、解除和中止，需要按《中华人民共和国劳动法》及《企业劳务安全纪律条例》中的规定执行。

四、完善绩效管理系统

员工的绩效考核指的是在额度时间内通过科学的计量方式，在实施考核的时候，重点关注企业人员在工作中的状态以及任务的完成效果、工作职责履行情况，在考核之后及时将结果告知给被考核者。在充分调动员工的工作积极性和主观能动性的时候，科学有效的绩效管理尤为重要。企业要基于自身实际情况制定完善的绩效考核制度，实施科学合理的管理，以此来起到提高员工工作效率的作用。

在企业各级管理人员充分了解员工的工作状况以及工作效果的前提下，通过考核员工的工作绩效，制定相应的绩效管理。

首先，确保绩效考核指标的科学性和全面性，确保选择的绩效考核指标可以较好地反映和评价员工对企业发展战略目标实现所做出的贡献情况，引导员工认识到自己在工作中存在的问题并加以改正和优化。其次，量化考核员工绩效情况，降低考核不公正现象出现的可能性。再次，基于现有的绩效考核内容确定考核时间，在凸显员工贡献量的基础上与现有的经营战略紧密联系，对企业经济效益予以保障。在开展绩效考核工作的时候适当增加不定期绩效考核，使员工真正为企业做出贡献。最后，在绩效考核活动开展的时候确保结果的合理性和相对公平性，在广泛征询员工意见之后编制完善的考核制度，在考核结束之后进行公示，确保考核结果的公开性。

为了确保企业可以获得最佳的人力资源绩效管理效果，基础考核内容需要囊括以下四个方面的内容，详细论述如下。

一是员工工作能力考核。在针对员工工作能力实施绩效考核的时候，重点关注的是工作人员业务水平、思维创新和应变能力，在掌握业务特点后确定合适的考核内容，引导员工不断提高自我创新能力，在提高个人业务技能和绩效水平之后助力企业整体绩效得以提高。

二是员工工作态度的考核。在针对员工工作态度实施考核的时候，重点关注的是员工工作积极性、职业素养等，在考评之后引导员工基于自身实际情况编制科学合理的职业发展规划，高度重视人才培养工作，不断提升人才队伍的稳定性。

三是员工工作绩效考核。在针对员工工作绩效实施考核的时候，重点关注的是工作的"质"与"量"，具体指的是员工月度、季度工作任务完成情况等。

四是个人综合素质考核。在针对员工综合素质实施考核的时候，重点关注的是员工的敬业精神、责任心等。在考评内容完善的同时需要选择最为合适的考核方法，不断强化员工业务问题处理和判断能力。

五、丰富薪酬激励体系

薪酬是员工劳动报酬的总和，它的来源前提是劳动者提供了劳动，薪酬形式可以分为物质的和非物质的两种。物质薪酬包含工资、福利待遇和奖金等给人们带来实惠的物质因素，非物质薪酬包含成就感、安全感、尊重感以及自我实现感等由职位或工作本身给人们带来的心理感受。激励是指通过激发员工工作意愿、调动员工工作能动性，最大程度发挥员工现有能力和潜在能力的过程。薪酬激励是组织激励员工的一种方式，它可以表现为物质激励，也可以表现为非物质激励，其目的是提高员工工作的积极性，促进员工效率的提高、员工能力的提升和自我价值的实现，最终促进企业的发展。

薪酬激励体系的丰富应从调整激励机制、丰富激励形式、提高人均薪酬水平等三方面展开论述。

首先，调整激励机制。企业的激励机制应将短期激励和长期激励并重。短期激励方面，一方面应调整现有工资结构，而非"一刀切"模式。针对中高层管理者，除了设置岗位工资、绩效工资外，增设职务补贴，同时提高年终绩效奖金在整个薪酬结构中的占比，以更好地将中高层绩效与组织绩效挂钩，同时因职务补贴的设置增加了人员岗位调整后工资调整的合法性和可操作性。针对普通员工，根据员工职级的不同，调整其绩效工资占工资总额的比例，职级越高、绩效工资占比越高。另一方面，完善考核制度，及时将考核结果与绩效工资挂钩。客观、公平的绩效体系的建立，有利于激励优秀、鞭策落后，将调整的季度考核、半年度考核结果与员工绩效及时挂钩，更有利于实现激励的目标。长期激励方面，企业应参照行业其他龙头企业，对核心管理人员增设跟投计划、股权激励计划等，以更好地保留、激励核心骨干。

其次，丰富激励形式。目前，大多数企业的薪酬激励形式主要局限于物质类激励，在此基础上，应注重增加非物质的激励。非物质激励主要包含职业发展激励、教育培训激励、休假激励、荣誉激励等。职业发展激励是指通过对员工的综合考评给予其职业横向、纵向的发展激励，教育培训激励是指通过外出考察学习、出国深造、挂职锻炼、岗位轮换等多种培养形式给予员工拓宽视野、提升综合能力的培养激励，休假激励是指针对部分企业高强度的工作节奏和压力，给予员工特殊的休息休假、调整身心、陪伴家人朋友的激励，荣誉激励主要是指评优评先、内部表彰、加入企业专项评审组等荣誉激励。物质激励是基础、是保障，非物质类的激励有助于实现员工荣誉感、价值感。

最后，提高人均薪酬水平。对于部分企业而言，人员扩招很容易导致人均薪酬水平不升反降，这样不利于员工的保留与激励。基于此，企业应根据调整后的组织架构，重新梳理项目的人员编制，盘点人员情况，及时调减，为人均薪酬水平的提升、人均效能的提升提供保障。

六、推进人力资源管理数字化转型

（一）培育数字型人才队伍

1. 优选有大数据思考模式的新型人才

要做好人力资源管理数字化转型的首要条件是人才队伍的建设，在数字化转型中对大数据、互联网和人工智能等领域技术的相关应用对于企业员工的职业素养和职业技能提出了更高标准，创新突破型、复合型的人才培养是企业人才培养的新方向。因此，人力资源部门要帮助企业选出拥有互联网、大数据等数字化思维的专业人才，这就需要企业改进传统的招聘方法，借助人才的信息库和现代化互联网相关的平台，构建人力资源生态圈，精准地招聘拥有互联网数字化思维的人才和具备与其相关发展潜能的高素养人才。与此同时，我们需要在充分满足发展需求和企业文化的前提条件下，对招聘人的方式和思维进一步革新。

2. 提升管理者数字开放性管理思维

在以往老旧方式指导下的独断专行型的干部不能满足人力资源管理数字化转型中对于领导层管理思想转型的需要，也不能很好地适应当今这个"互联网＋"的新时期。首先，只有管理者正确认识到人力资源管理数字化转型的真正内涵和意义，真正了解数字化转型包括哪些方面、需要做什么，从顶层设计上搭建好人力资源管理数字化转型的框架，才能使人力资源管理数字化转型正确、有序地走下去。其次，"互联网＋"带来的时代需求要求领导者必须融入企业员工里面，多听听企业员工的意见和想法，经常去鼓励企业员工的创新思维，使他们积极地在企业重要的大事件的决定中发表意见，这种做法也有助于企业员工明晰以后的发展道路，积极完善自身的成长。

所以，企业的领导者更需要借助互联网的数字信息技术，接纳这种开放的管理模式，积极学习人力资源管理数字化的相关理念和知识以及先进的管理方法，使得人力资源管理形式打破空间和时间上的束缚，凭借创新的管理思想、创新的人才调动形式和人才培育形式，更好地为企业提供凝聚人才、发掘完善相关人才的环境条件。例如，增加对领导者的人力资源管理数字化定期培训，或者聘请专业的人力资源管理数字化转型机构和团队对领导者进行系统的数字化转型培训和企业人力资源管理数字化转型规划，让领导者拥有人力资源管理数字化的应用和实行能力，使得领导者能够充分掌握和理解互联网的相关技术和大数据的相关知识储备，学会如何将科学技术、数字化工具和人力资源的科学管理结合起来创造更大的能量、进行智慧决策，完善领导者的数字化开放式的管理理念模式等。

（二）创建良好的文化氛围

要想使企业人力资源管理的数字化转型建设顺利有序地完成，则要做好员工政策的贯彻和普及，营造人人参与、人人转型的良好文化氛围，让大家都参与人力资源管理的数字化转型建设。

1.制定数字化政策，学习贯彻到位

对企业人力资源管理数字化转型建设制定的相关政策和举措进行公开，并对不同阶段的转型工作定期召开启动会，进行全面的政策解读，使每一位员工都能正确地了解和掌握人力资源管理数字化转型工作的内容，确保人力资源管理转型工作能够正确有序推进。此外，应采用多元化的形式对人力资源管理数字化的转型建设工作进行积极宣传和广泛推广，对如何应用数字化工具和平台以及未来数字信息技术的发展方向和趋势进行培训学习，提高员工数字化应用能力，深化数字化转型思想。

2.确立数字化计划，整合共享资源

首先在制订的人力资源管理数字化转型建设的计划中，将现有的人才和资源与数字化的转型建设工作中所需要的技能和人才资源相匹配，分工到个人，并使员工能够资源共享。然后员工通过数字化的工具和场所相互了解和学习各自不同的专业知识，在互帮互助中共同向前发展，共同提升，以满足人力资源管理数字化转型的要求，达成共同目标，营造持续学习并且相互学习人力资源管理数字化转型知识的文化氛围。

3.聚焦企业战略，打造数字化文化

要以企业战略目标为出发点去推进数字化转型文化氛围的营造，利用大数据作为分析手段优化数字化形式的销售模式，打造以数字化为基础的服务制度、决议制度、运作制度，利用数据对各项资源进行管理，将资源匹配到最合适的地方，建立数据精确营销的机制，实现企业效能最大化，打造出全方位的包含业务范畴和职能范畴的数字模式的管理系统。对于人力资源管理数字化转型来说，则要以数据为基础，同时考虑员工的需求和体验感，因为目前新一代的员工是成长在互联网氛围当中的，他们对数字化有着自己的见解和需求。因此，打造满足员工需求的人力资源数字化文化氛围和环境，能够激发员工参与数字化转型的积极性，使更多的员工参与其中，这对于企业的转型建设而言是非常重要的。

（三）精简数字化系统的建设布局

数字化信息系统的建设是一个系统性、复杂性与科学性统一的信息系统建设工程，它需要紧密贴合企业人力资源管理数字化转型的现状，有序合理地科学统筹布局人力资源管理数字信息系统的设计与开发管理。数字信息系统需要遵循精简、不重复的基本原则，立足于企业已有的人力资源管理信息化基础，充分运用大数据信息技术对各类信息系统和数字化平台中的各类基础数据进行整合、汇总、存储。强化精简高效的系统意识，树立科学合理有序的系统设计理念，对已有的系统进行组织优化，做到不浪费数据，不随意遗弃信息系统，重复利用信息数据，反复挖掘信息成果，以此来更好地服务和完善人力资源管理的数字化建设。

系统的整体性原则启示企业在开展人力资源管理数字化转型的相关实务中整体把握各环节、要素在人力资源管理系统中的运行规律，避免各类要素的简单叠加，更加突出人力资源管理的系统性和整体性，进一步优化人力资源管理系统的整体性、协同性、效用性，以不断提高企业人力资源管理的整体效益。在人力资源管理数字化转型的实务研究中要强化人力资源管理数字化转型中的整体最优控制、强化人力资源管理数字化转型中的对象最优控制，如岗位匹配度、薪酬匹配度、能力匹配度、目标匹配度等，通过使用人力资源管理的较小成本来实现最优的管理目标。

（四）建立人力资源数字化共享服务中心

人力资源是企业的重要组成部分之一，对于人力资源管理而言，数字化转型既是机遇也是挑战。人力资源的革新有利于推进企业数字化转型，这也是企业数字化转型的重点之一。例如，现代社会大量存在着远程或居家办公现象，人力资源如何保证远程或居家办公员工的效率、如何远程进行招聘面试、如何对居家办公人员进行评价、如何在线上解答员工的问题等是人力资源当下急需解决的难题。

要解决以上问题以及部分企业目前存在的 HRMS 功能薄弱等问题，切实做好、做实数字化转型工作，需要迈出人力资源管理数字化转型的关键一步，即创建人力资源的数字化共享服务中心（HRSSC），驱动人力资源管理数字化转型。

1. HRSSC 一站式服务，提升员工体验感

数字化时代，以员工为中心的运营模式将进一步成为发展趋势。HRSSC 的建设可以将散乱的职责区块服务转换成针对员工和管理者的一站式人力服务，避免员工四处问询却不能解决问题的尴尬处境。HRSSC 的重要作用在于归纳、分析、

总结员工所面临的特殊问题，并提出解决方案。快速且保质的服务可提高员工的满意度。HRSSC 在服务范围上不断丰富和拓展，员工享受到了"一站式""全方位"的服务体验。

另外，HRSSC 在建立平台、服务管理和体验创造方面有以下突出手段：产品化管理、创意思维及数字化技术等。例如，一家全球领先的技术制造企业在 HRSSC 线上共享平台的搭建过程中，引入产品化管理思路，由共享平台产品经理利用设计思维对共享平台产品进行开发、设计和完善。同时，该企业也广泛应用了人脸识别、图像识别、智能客服等技术手段，并带动企业各职能模块服务的整合，最终集成至移动端上，使得员工在手机上拥有了一个企业内全生命周期服务的得力助手，衣食住行等各类服务均实现"一站式"管理。借助该产品不断收集的员工数据与信息，又使得管理者可以通过移动端应用程序开展数据分析，提供管理决策支持。共享平台产品上线后，管理者与员工的体验感受与满意度持续上升。

2. HRSSC 统一和规范数据，助力业务分析和洞察

数据源规范和统一的程度决定了 HRSSC 的运行效率，故 HRSSC 的重中之重是规范且标准的数据。程序化的流程及服务等级协议能够有效地保证录入系统员工数据的精准性和时效性。基于此，输出的数据值得信赖，为人力资源部及业务管理者提供了分析和洞察员工业绩水平和工作能力的依据，可以实时用作员工的绩效考评和人才选任的综合评价依据。例如，德勤中国 HRSSC 建立后，立即开展对员工数据大量的清洗和规范工作，使员工数据的准确率维持在 99.8% 以上。在员工数据准确且完善的基础上，企业应落实数字绩效系统，网上的考核是通过系统中精准的员工关系及架构来实现的，累计的考核成绩可以助力员工绩效的提高，也成了选拔优秀人才的可靠依据。

3. HRSSC 优化和简约流程，改善人力资源效率和效能

人力共享以优化流程为基础，积极推进事务类工作标准化、标准类工作流程化、流程类工作信息化，信息化工作最终实现数字化和体验化。例如，一家全球领先的快消企业，通过梳理入职前流程，合并优化线上线下流程节点，将事务性工作交由系统触发，员工线上自主自助完成，减少员工不必要的奔波，流程耗时从原来的两周缩减至七个工作日以内，提升了两倍的流程效率，清晰简洁的流程全部落地于人力共享平台。同时，人性化的移动端入职指引界面设计，充分考虑了员工互动及新员工对企业文化的接受程度，使员工流程满意度得以提升，释放

了人力资源事务性工作时间的同时，也优化了员工体验。由此可见，规范的流程是实现人力工作从线下转移至线上的基础，也是远程办公、灵活办公的基础，否则会带来大量沟通成本的耗费。因此，建立 HRSSC 可以实现流程优化，流程优化是 HRSSC 工作内容的重中之重，可以有效提升人力资源效率和效能，同时更好地保证了人力资源服务的高效和稳定。

4. HRSSC 利用储存的员工数据与信息，精准预测员工行为

通过数据和流程的规范和统一，留痕和累计在系统和平台中的员工信息和数据越来越多，员工身后的标签也越来越多。基于员工数字化的信息和标签建立不同的模型，更深刻地了解员工行为，助力管理决策。例如，一家国内知名地产企业通过系统留痕的大量数据建立员工离职高风险分析模型，HRSSC 识别出 80 余个离职相关因子，再通过机器算法，获取重要离职因子，对在职员工的离职风险系数进行综合判定，离职预测准确率接近 70%，并随着数据的增加而修正算法，不断提升算法的准确率。

（五）优化数字化绩效的考核指标

数字化转型必然会导致企业组织架构和人力资源管理业务流程的重塑，业务流程的重塑必然会产生全新的岗位胜任力指标，而新的胜任能力指标对员工有了全新的岗位要求，全新的岗位要求必然会产生新的业绩考核指标，随着每一次绩效考核指标的修订必然会产生全新的考评标准。这要求人力资源部在为新组织设计新制度、新办法、新标准的时候要考虑到员工的工作产出与工作评价的相关性和正反馈，以更好地为企业数字化转型提供支撑。

系统的层次性启示企业在开展人力资源管理数字化转型实务研究时要注重整体性与层次性，这些不同的管理层与员工层在人力资源管理中相互影响、相互作用、相互制约。但彼此承担的责任与义务不尽相同，因此，人力资源管理者在指定相应的考核指标的过程中要妥善统筹不同岗级承担的目标与责任，合理制订可实施、可操控、可落地的绩效考核指标。此外，企业在推进人力资源管理的数字化转型中要把握数字化管理的整体性与层次性，重点关注此层次性与彼层次性之间的影响、作用、制约、生成等关系，需要企业在经营管理过程中综合运用系统层次分析中的综合性、杂糅性分析方法来解决数字化绩效考核等管理问题。

（六）利用人工智能和数据分析模型实现人才选拔智能化

1. 运用人工智能准确甄选人才

首先，要解决企业在人力资源管理数字化转型中面临的人才选拔和岗位胜任力分析方面的问题，需要建立一体化的与招聘面试相关的智能化系统的核心应用，方便招聘的两方和第三方按照发布招聘需求、收集简历、面试考察、判断分析、最后审核完成录用一直到相关档案完整记载的全套流程协助管理网络的渠道。

其次，使用 AI（人工智能）面试机器人，从 2020 年开始，人们的生活、工作方式有了较大的变化，传统的线下招聘面试方式受到了较大的冲击，平台上求职者通过微聊、视频等在线化面试的请求量激增，一位招聘者在同一时刻只能与一位求职者建立在线化视频面试渠道，导致求职者、招聘者两端连接的成功率较低。为了提升求职者用户体验、提高招聘者面试效率，可以借助智能识别语音、合成语音、处理自然的语言与机器人智能对话的回答相关场景和数字信息化的技术进行沟通交流，以便实现自动化的大量识别从而达到高效招聘的目的。通过这种方式，一方面，可解决一位招聘者只能响应一位求职者的在线化面试请求的问题，提升招聘者作业效率；另一方面，能满足求职者可以不限时间、地点进行视频面试的需求，同时将个人简历从传统的文字描述介绍转换成更加直观生动的视频化自我展示。

最后，随着网络平台越发完善而有目的地搭载和开发相关软件，可以通过软件实现视频面试，从而达到非接触式"面试"的要求，通过设置对应的指引程序，更有效地助力招聘双方借助视频平台达到"面试"识别的作用，从而初步展现出非接触式的招聘形式带来的优势。

2. 结合人工智能和胜任力分析等模型进行人岗匹配

建立智能化无接触招聘模式，能够最大程度及时、充分地获取招聘双方的信息资料，一步一步累积起全域范围的云端相关数据，借助分级、分层和分类的大数据之间的规律性、相关性提前预测，再通过智能算力、算法，根据统计、建模、分析从而实现对标人员和岗位的匹配。在招聘的相关应用上，可把应聘人员的行为表现、能力画像和情绪特质这些多维度的具有时效性的相关数据与云端的规范、指标和图谱这些素质相关模型进行精确对照，并及时地进行更正，从而对应聘者是否能够胜任这一岗位的素养能力进行比较科学的预评、预判、预测、预荐和预选。例如，北京某企业通过"人才画像"的方法，提取企业内部优秀员工的绩优因子，进而析取企业内部的胜任力潜质模型和性格匹配模型，然后根据这两个模型在校园招聘中精准定位人才，甄选出潜质优秀具有高绩效产出能力的员工。"人才画像"就像一个冰山模型，包含人才的显性和隐性特点，显性特点包括基本信息、工作经历和专业技能，隐性特点包括动机激励类型、价值观类型和性格特点等。显性特点是相对容易评估的，而隐性特点的评估需要借助专业、科学的测评工具，"人才画像"的重点就是冰山模型下层的隐性特点。该企业通过绘制企业"人才画像"评估人才的隐性特点，以期更精准地定位和招聘人才。

行业内普遍的观点是，不管是为了更好地解析劳动力市场的发展趋势，还是预测新员工里面最出色的那一个，人力资源相关人员利用模型对数据的理解能力以及将数据更好地转变为明晰的能力都变得更重要了。一开始进行宣传引领，对考察资质、应用平台、考核绩效、面试沟通、核算成本等诸多环节的相关数据实现闭环管理，并结合评价中心的测试评价系统数据库进行综合研究和判断，从而精准地找到与岗位相匹配的应聘人员，实现人员与岗位的最优匹配，进而实现人力资源效用最大化。

参考文献

［1］ 米尔科维奇, 纽曼. 薪酬管理［M］. 董克用, 译. 北京: 中国人民大学出版社, 2002.

［2］ 沃克. 人力资源战略［M］. 吴雯芳, 译. 北京: 中国人民大学出版社, 2001.

［3］ 赫茨伯格. 赫茨伯格的双因素理论［M］. 张湛, 译. 北京: 中国人民大学出版社, 2009.

［4］ 杨百寅, 韩翼. 战略人力资源管理［M］. 北京: 清华大学出版社, 2012.

［5］ 帕门特. 关键绩效指标: KPI 的开发、实施和应用［M］. 王世权, 杨斌, 张倩, 译. 北京: 机械工业出版社, 2012.

［6］ 卡普兰, 诺顿. 平衡计分卡: 化战略为行动［M］. 刘俊伟, 孙薇, 译. 广州: 广东经济出版社, 2013.

［7］ 苗仁涛. 战略人力资源管理的本土化研究［M］. 北京: 中国人事出版社, 2016.

［8］ 李太林. 绩效核能［M］. 北京: 北京联合出版社公司, 2016.

［9］ 张德. 人力资源开发与管理［M］. 北京: 清华大学出版社, 2007.

［10］ 赵曙明. 人力资源战略与规划［M］. 北京: 中国人民大学出版社, 2017.

［11］ 郦巍铭, 楼莉萍, 章守明. 现代人力资源管理［M］. 杭州: 浙江大学出版社, 2017.

［12］ 张健东, 钱堃, 谷力群. 人力资源管理理论与实务［M］. 北京: 中国纺织出版社, 2018.

［13］ 李洪英. 战略人力资源管理与员工绩效［M］. 北京: 社会科学文献出版社, 2018.

［14］ 彭剑锋. 人力资源管理概论［M］. 上海: 复旦大学出版社, 2005.

［15］蒋俊凯，李景刚，张同乐．现代高绩效人力资源管理研究［M］．北京：中国商务出版社，2020.

［16］周艳丽，谢启，丁功慈．企业管理与人力资源战略研究［M］．长春：吉林人民出版社，2019.

［17］徐刚，罗亮梅．人力资源管理跃迁的战略解码［M］．北京：科学出版社，2019.

［18］陈昭清．现代企业人力资源管理研究［M］．北京：中国商务出版社，2019.

［19］李颖．知识经济时代的企业人力资源战略管理［M］．北京：科学出版社，2019.

［20］王文军．人力资源培训与开发［M］．长春：吉林科学技术出版社，2020.

［21］马歇尔．经济学原理［M］．廉运杰，译．北京：华夏出版社，2017.

［22］李俊霞．战略人力资源管理［M］．天津：天津大学出版社，2019.

［23］张景亮．新时代背景下企业人力资源管理研究［M］．长春：吉林科学技术出版社，2020.

［24］温晶媛，李娟，周苑．人力资源管理及企业创新研究［M］．长春：吉林人民出版社，2020.

［25］黄建春，罗正业．人力资源管理概论［M］．重庆：重庆大学出版社，2020.

［26］管奇，黄红发，冯婉珊．激活人才：人力资源管理效能突破［M］．北京：中国铁道出版社，2020.

［27］穆胜．人力资源效能［M］．北京：机械工业出版社，2021.

［28］祁红梅，田莉莉，林健．人力资源管理风险规避研究［M］．长春：吉林人民出版社，2021.

［29］李蕾，全超，江朝虎．企业管理与人力资源建设发展［M］．长春：吉林人民出版社，2021.

［30］薛丽红，丁敏，宗娜．战略性人力资源管理对组织效能的影响研究［M］．长春：吉林科学技术出版社，2021.

［31］李毅．人力资源规划方法研究［J］．散装水泥，2007（2）：68-69.

［32］刘岩．西方效率工资理论研究及启示［J］．生产力研究，2008（24）：101-103

［33］金少勇.对引入平衡计分卡方法改进国企业绩效评价管理的探讨［J］.中国乡镇企业会计，2011（4）：104.

［34］韦柳.基于提高企业核心竞争力的人力资源管理研究［J］.中国商贸，2012（11）：117-118.

［35］吕培胜.平衡计分卡的战略角色管理［J］.企业改革与管理，2012（2）：17-18.

［36］崔春红.浅谈企业业绩评价方法：平衡计分卡［J］.现代经济信息，2012（21）：14.

［37］冯志云.对现代企业绩效管理粗浅认识［J］.管理学家，2013（22）：37-41.

［38］张继德，许小崇.平衡计分卡在我国应用的现状、问题和对策［J］.会计之友，2014（27）：123-126.

［39］王维芳.绩效管理中的关键点控制［J］.石油化工管理干部学院学报，2014，16（4）：21-24.

［40］邓晓红，宫振伟.BSC助力企业战略落地［J］.施工企业管理，2014（5）：73-74.

［41］曾静.对引入平衡计分卡改进国企绩效评价管理的探讨［J］.中国集体经济，2015（27）：25-26.

［42］朱新青，梁艳芳，梁业梅，等.基于平衡计分卡的护理绩效考核效果分析［J］.齐鲁护理杂志，2015，21（4）：37-38.

［43］范军.企业薪酬管理公平性对员工工作态度和行为的影响［J］.新经济，2016（12）：102.

［44］孙旭光.A公司绩效管理现状研究及改进措施［J］.现代经济信息，2016，21（25）：26-28.

［45］静斯.基于KPI的绩效管理体系探析［J］.经营管理者，2016（5）：88-92.

［46］白艳君.浅议优化绩效管理体系的思路［J］.现代经济信息，2016（15）：87.

［47］马静.企业绩效管理体系的优化研究［J］.中国商论，2017（25）：116-117.

［48］章志杰.战略人力资源管理对企业绩效的影响探讨［J］.企业科技与发展，2018（12）：227-228.

［49］徐西干.针对人力资源管理战略的相关探索［J］.全国流通经济，2018
（13）：53-54.

［50］邢彩云.新常态下人力资源管理战略思考［J］.中国集体经济，2018（21）：
103-104.

［51］胡兵.基于平衡计分卡的企业绩效评价体系探析［J］.经贸实践，2018
（19）：232.

［52］何纪翔.新时代下人力资源管理战略与报酬结构的确定机制研究［J］.哈
尔滨师范大学社会科学学报，2018（1）：88-90.

［53］李晓谦.企业人力资源管理战略的思考与实践［J］.劳动保障世界，2019
（3）：21.

［54］焦晓彬.新常态下人力资源管理战略思考［J］.现代营销（信息版），
2019（10）：224.

［55］蒋靖.新常态下人力资源管理战略及其转型研究［J］.全国流通经济，
2020（32）：75-77.

［56］郑伟.企业人力资源管理战略创新探讨［J］.财经界，2020（16）：255-
256.

［57］顾娟.绩效管理工作中目标管理法的应用探析［J］.现代营销（经营版），
2020（10）：94-95.

［58］靖潇.平衡计分卡理论发展与研究综述［J］.中国市场，2020（1）：
138-139.

［59］王涛.基于全面薪酬理论的新生代知识型员工激励策略探析［J］.全国流
通经济，2020（19）：96-98.

［60］孟庆婷.人力资源管理战略的重要性探究［J］.行政事业资产与财务，
2021（6）：55-57.

［61］高杨苏云.互联网背景下360度考核法的问题和对策［J］.现代商贸工业，
2021，42（1）：53-55.

［62］胡清清.基于平衡计分卡的蒙牛乳业战略转型绩效分析［J］.广西质量监
督导报，2021（5）：87-89.

［63］刘子栋.平衡计分卡在企业绩效考核中的应用分析［J］.财会学习，2021
（21）：159-160.